「利益を増やす」と「社会を良くする」を両立させる

SDGs
アイデア大全

竹内謙礼

JN055269

技術評論社

免責

本書に記載された内容は、情報の提供のみを目的としています。したがって、本書を用いた運用は、必ずお客様自身の責任と判断によっておこなってください。これらの情報の運用の結果について、技術評論社および著者はいかなる責任も負いません。本書記載の情報は、刊行時のものを掲載していますので、ご利用時には変更されている場合もあります。

以上の注意事項をご承諾いただいたうえで、本書をご利用願います。これらの注意事項をお読みいただかずに、お問い合わせいただいても、技術評論社および著者は対処しかねます。あらかじめ、ご承知おきください。

商標、登録商標について

本文中に記載されている製品の名称は、一般に関係各社の商標または登録商標です。なお、本文中では™、®などのマークを省略しています。

┃ SDGsとは

「持続可能な開発」を目的とするための国際目標のこと。17の目標（ゴール）と169のターゲット（解決すべき課題）から構成されており、次世代のニーズを損なわないために、これらの目標を達成することが世界中の人々と企業に求められている。

はじめに

「何をすればいいのかわかりません」

　SDGsに取り組もうとしている企業からの相談が増えています。経営コンサルタントという仕事柄、私もSDGsについていろいろ調べたのですが、みなさんと同じで「何をすればいいのかわかりません」という回答しか導き出すことはできませんでした。

　なぜ、これほどまでにSDGsはわからないものなのでしょうか？
　理由は3つあります。

＞ 1 ｜ SDGsの事例は大企業が多い

　大手ハウスメーカーが植林したり、有名アパレルブランドが海洋ゴミで洋服を作ったり、素晴らしい取り組み事例を目にする機会は多々あります。しかし、資本力のない中小企業から見れば「そんなスケールの大きいSDGsの取り組みはうちの会社ではできない」というのが実情です。

　物価や人件費の高騰で、中小企業は大変な経営状況に追い込まれています。声を大にしては言えませんが「SDGsどころじゃない」というのが本音だと思います。

＞ 2 ｜ SDGsへの後ろめたさ

　地球温暖化やジェンダー平等、貧富の格差など、世界は多くの課題に直面しています。それらを解決することが企業の使命であり、そのような活動が消費者から高い評価を得られることも十分に理解しています。

　しかし、自分たちの生活に直接的な影響がなければ、これらの課題もピンとこないのが現状です。二酸化炭素が増えても、貧困層が増えても、自分にすぐに影響しないことであれば、率先して動けるほど、人は寛容ではありません。そのため、SDGsに取り組むことに対して、後ろめたさのような罪悪感を覚えてしまう人も

少なくないのです。

「環境や人権に関して興味がないのに、SDGsに取り組んでもいいのだろうか？」

そんな思いもあって、堂々と胸を張ってSDGsに取り組めない企業は思いのほか多いと思います。

> 3 │ 儲からない

企業として事業に投資するのであれば、必ずリターンがなければいけません。特に中小企業の場合、売上に貢献しない事業を続けることは、資金繰りの悪化に直結してしまいます。

SDGsは世のため人のためというのは理解していますが、SDGsの事業を展開するためには人手もお金もかかります。儲かりそうにない事業を続けられるほど、今の小さな会社とお店には余裕がないのです。

これらの事情から、SDGsに関して多くの中小企業が「何をすればいいのかわかりません」という状況に陥っているのではないかと思います。私自身、経営者から質問されても、「SDGsはこれをやりなさい」と自信を持って勧めることができませんでした。

一方で、今のご時世、中小企業に「SDGsに取り組まない」という選択肢は残されていないのが現状です。消費者は企業のSDGsの取り組みを細かくチェックしており、SDGsの活動が人材採用にも影響し始めています。製造業でも、脱炭素やトレーサビリティなどのSDGsに取り組んでいることを条件に、新しい取引先を探しているケースも増えてきています。

コロナの感染拡大で、今まで以上に医療と健康が注目されるようになりました。ロシアによるウクライナへの侵攻をきっかけに、世界平和と人権について真剣に考える人も増えました。度重なるゲリラ豪雨の被害の拡大によって、温暖化ガスの影響についてネットで調べる人が増え、芸能人や有名人がLGBTQを告白することで、ジェンダーに対しての認識が多くの人に広まりました。

お金がかかり、なんとなく後ろめたさもあって、儲からなくて面倒臭いSDGsと距離を置きたい経営者は多いと思います。しかし、今後、SDGsに取り組んでいない企業は明らかに世の中のトレンドから取り残されていく現実を考えれば、SDGsに"取り組まざるをえない"というのが、中小企業の未来の姿なのではないかと思います。

　本書は、SDGsで「何をすればいいのかわかりません」と頭を抱える中小企業に向けて、SDGsへの取り組みのアイデアをまとめた"ネタ帳"になります。執筆にあたり、次の3点を意識しました。

・できるだけ手間がかからないSDGs
・できるだけ人手がかからないSDGs
・できるだけ続けられそうなSDGs

　もちろん、事例の中にはスケールの大きいものもあれば、実践するにはハードルの高いアイデアもあります。しかし、それらをヒントにすれば、「うちの会社でもできる」というSDGsの事案に本書を通じて巡り合えるのではないかと思います。
　できるだけ本業の片手間でできることで、なおかつ、経営者やスタッフの負担が少なく、平易に取り組めることを意識して"ネタ"をピックアップしました。取り組んだ事案ができるだけ売上や利益、集客やブランド力のアップにつながることを考えたうえで事例を紹介しています。
　そのため、「これもSDGsなの?」と思われるような視点や事例も出てくるかもしれません。しかし、それだけSDGsの取り組みはハードルが低く、だれでもかんたんに取り組めるものだということを、これを機会に理解してもらえればと思います。

　いろいろな角度でSDGsの取り組みをイメージしてほしいと思い、販促手法は64、事例は104を揃えました。おそらく、過去に発売されたSDGs関連の本で、これだけ多くの中小企業の事例にフォーカスしたものはないと思います。「なるほど、そんなSDGsの取り組みもあるのか」と思ってもらえるような、新しくてユニークなアイデアを1冊に詰め込みました。
　もし、紹介した事例の中に、すでに自分たちが取り組んでいる活動があれば、

胸を張ってSDGsの取り組みであることを、自社のブログやSNSで公開してください。そして、その取り組みを通じて、もっとSDGsの目標達成に貢献できるよう、ブラッシュアップしていきましょう。それが、私たち中小企業が"今"できるSDGsの取り組みではないかと思います。

　本書ではSDGsの取り組み事例のほかに、SDGsを支援するNPO法人の団体やSDGsに貢献するサービスを提供している企業も紹介しています。また、取り組む活動のレベル感をイメージしてもらうために、「SDGs取り組みやすさ度」を5段階で表記し、すぐに活動内容をネットで公開できるよう、それぞれの販促ノウハウがSDGsの17のゴールのどれに該当するかも併記しました。

　私は中小企業がSDGsに取り組んで社会に大きな影響を与えることよりも、「考えるきっかけ」を作ることのほうが大切だと思っています。取り組む内容は地球全体から見れば些細なことかもしれませんが、その活動をきっかけに経営者やスタッフ、お客が真剣にSDGsについて考える機会になれば、巡り巡ってSDGsの大きな動きに変わっていくのではないかと考えています。

　「何をすればいいのかわかりません」という人が、本書を通じて「これってSDGsなの?」と半信半疑でもいいので、行動を起こしてもらえるようになればと思います。やがて「次はもっとこうすればSDGsっぽくなるんじゃないか」と、前のめりでサステナブルな活動に取り組んでもらえるようになれば、著者としてうれしい限りです。

経営コンサルタント　竹内謙礼

Contents

第2章 | すべての人を幸せにする商品アイデア発想法

第 **3** 章 | 売上を伸ばして、なおかつ お客も喜ぶ「SDGsな売り方」

第4章 | SDGsのイベントでお客はまだまだ増える

第6章 | 10年後の顧客づくりのための SDGs長期戦略

第 **7** 章 | ユニークな売り方が SDGsの世界を変える

第 **1** 章

「長く使う」は
環境に優しく、
商品への「愛」が
生まれる

01 | 耐久性

SDGs取り組みやすさ度 ▶ ★★★★☆

商品の品質に自信があればおすすめ。キャッチコピーの工夫次第でSDGsに取り組める。

「価格訴求」よりも「時間訴求」

「環境に優しいモノ」とは、極論を言えば「ゴミを出さないモノ」です。ゴミをできるだけ出さないためには、捨てるものを少なくすることであり、1つのものを長く使い続けることが、SDGsの取り組みに直結することになります。

しかし、長引くデフレ経済によって、物価は下がり、安いものを買って、使い捨てることが当たり前の世の中になってしまいました。安い服を1シーズンで捨ててしまったり、引っ越す度に安い家具を買い替えたり、モノの価格が下がれば下がるほど「捨てればいい」「買い替えればいい」という消費が、私たちの生活の中に浸透してしまいました。

そのような使い捨てや買い替えが当たり前の世の中だからこそ、「長持ち」「耐久性」などの言葉を用いた商品は、環境に配慮したものとして、消費者に支持されやすくなります。特に物価が高騰している昨今では、これらのキーワードは付加価値として伝わりやすく、消費者にも受け入れられやすくなっています。

1年間で使い捨てられる服よりも、5年間使える服のほうが、ゴミの増加を防ぐことになります。生産するために余計なエネルギーを使わないことにもなるので、「長く使える」という商品コンセプトはSDGsにつながる活動にもなるのです。

「長く使える」をわかりやすく伝える

品質にこだわった耐久性のある商品は、あえて商品名やキャッチコピーで「長持ち」を強調する言葉を使用したほうがいいでしょう。「10年使える」「三世代で使える」という時間軸で耐久性を表現するのも一手です。また、「永久メンテナンス」「20年保証」などの、アフターサービスで商品を長く使えることを強調することも、「長持ち」が消費者に伝わりやすいキャッチコピーづくりの1つと言えます。

1年中着られる環境に配慮した服

sumigi -墨着- › https://sumi-gi.com/

世界生産量5%の希少な最高級天然コットンと炭繊維を使用した肌触りの良い服を販売する「sumigi-墨着-」。夏は爽快感があり、冬は暖かいため、1年中着続けることができます。「長持ち」「耐久性」というアピール以外に「1年中使える」というキーワードも、消費者の「モノを大切にしたい」という気持ちに応えた商品と言えます。sumigiのホームページでは漠然と「1年中着られる」とアピールするのではなく、「なぜ、1年中着られるのか?」をわかりやすく解説している点も、消費者から支持を受ける理由の1つと言えます。

住宅の耐久性を知る地震体感装置

おうち館 ＞ https://fuji-ouchikan.jp/

フジ住宅株式会社の「おうち館」では、自社の住宅の耐久性を理解してもらうために、ショールームには地震体感装置をはじめ、普段は目にすることのない住宅の内部構造などを展示しています。耐久性という抽象的な言葉は写真や映像だけでは伝わりにくく、おうち館のようなリアルな体感の場を設けることは、SDGsへの取り組みをより消費者に浸透させることにつながります。「長持ち」「耐久性」などの付加価値を理解してもらうために、お客様に製造現場に足を運んでもらったり、商品を販売するスタッフと話をしたりして、リアルに体感してもらうことが効果的と言えます。

02 修理

SDGs取り組みやすさ度 ★★★★★
修理やアフターメンテナンスのサービスを全面に打ち出すだけでOK。

› アフターサービスの充実はゴミの量を減らす

愛用しているモノを修理したり、リフォームしたりして使い続けることは、ゴミを出さない消費につながります。SDGsが掲げる「ゴール12・つくる責任 つかう責任」に該当し、環境に配慮したサービスとしてリフォーム事業や修理事業を展開する企業が増えています。

一方、修理やリフォームは手間と時間がかかるため、積極的に宣伝したくない企業が多いのも事実です。商品を長く使ってもらうことは、裏を返せば、新しい商品を購入してもらえないことを意味します。売り手側の本音としては、修理して長く使ってもらうことは、「あまりやりたくないサービス」の1つと言えます。

しかし、修理やアフターメンテナンスを依頼するお客は、その商品に対して深い愛情を持っている消費者なので、客質として非常に良いという点を考慮しなくてはいけません。気に入ったものであれば、高いお金を出してでも長く使いたいというお客なので、長期間に渡り商品をリピートして、購入してくれる優良顧客になる可能性が高いと言えます。

› 「修理」はネットで検索されやすいキーワード

修理やメンテナンスを請け負うことで、スタッフとの会話が増えて、よりお客がお店や商品に対して愛着を持ってくれるようになります。修理を出す際にホームページやSNSを積極的に見てくれるので、ほかの商品が目に触れるチャンスにもつながります。このようにアフターメンテナンスのサービスは、お客の質を上げる重要なコンテンツにもなるのです。

修理やリフォームのサービスは、質の良いお客と接触する機会を増やします。アフターメンテナンスを通じて、「商品を大切にするお店」「お客を大事にするお

店」という印象を与えるため、SDGsを意識したお客を取り込みやすくなります。

　物価が高騰し、節約志向が高まると、修理やリフォームのサービスは需要が高まる傾向にあります。新規顧客の獲得にもつながりますし、ネットでも積極的に検索されやすいサービスにもなります。新たな集客戦略として取り組む価値は十分にあります。

事例3

羽毛布団のメンテナンスサービスで優良顧客と接触

グッドスリープササキ ＞ https://kaiminsasaki.com/

寝具店のグッドスリープササキでは、羽毛布団の除菌や消臭をはじめ、丸洗いや羽毛の付け足しなどのメンテナンスサービスをおこなっています。寝具は一度購入すると、お客と接触する機会が少なくなってしまう商品ですが、このようなアフターメンテナンスのサービスがあれば、再来店してくれる機会を増やすことができて、寝具専門店としてのこだわりを伝えることも可能になります。また、メンテナンスサービスはお客にハガキやDMを出す機会も作れるので、情報発信という面でも、メリットは大きいと言えます。

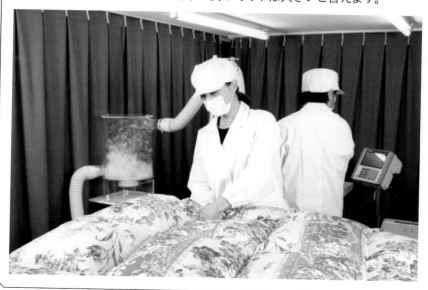

事例4

ワンランク上の中古住宅リフォームで空き家問題を解決

わが家 > https://www.iwaki-chuko.com/

福島県いわき市で空き家をリフォームして中古物件として販売する「わが家」。従来、中古住宅は「新築を買えない人」が購入する住宅でしたが、最近では中古住宅を自分のライフスタイルに合わせてリフォームし、価格を抑えた分、その予算を自分の趣味などに投資している人が増えています。「リフォーム」という言葉そのものが、「修理する」「安く済ませる」から、自分好みに「オーダーメイドする」という賢い消費者のトレンドに変わりつつあります。

03 中古販売

SDGs取り組みやすさ度 ▶ ★ ★ ★ ★ ★

中古品の取り扱いはだれでも容易に取り組める事業。

＞ 新規顧客の獲得につながるSDGs事業

　　中古販売も立派なSDGsの取り組みの1つです。資源の有効活用にもなりますし、修理や再販をすることで新たな雇用を生み出し、SDGsの「ゴール8・働きがいも経済成長も」の目標を達成することにもなります。

　　ビジネスとしても中古品を販売するメリットは多々あります。たとえば、新品を購入するには高すぎる商品でも、型落ちや中古品を手ごろな価格で購入してもらうことで、次に新品を購入してくれる"見込み客"の獲得につなげたりすることができます。高級外車の認定中古車などは、その典型例といってもいいでしょう。

　　また、中古品の販売を集客の呼び水として活用したり、商品を買い取ることをアピールして新規客を獲得したり、顧客獲得のツールとして活用する企業やお店も少なくありません。最近では、仕入れた中古品をメルカリやヤフオクなどを通じて販売して、その利ザヤを稼ぐ人も多く、手軽な副業としても注目を集めています。

＞ 中古販売事業を成功させる方法

　　中古品の販売はSDGsの取り組みとしても、比較的、容易に始められるビジネスモデルの1つです。一方、仕入れが伴うため、品揃えの面で手間がかかる商売であることは理解しておく必要があります。

　　ネットやチラシを通じて、商品を買い取ることを積極的にアピールしていく必要があります。中古品の相場を見極める力がないと、売買価格で折り合いがつかず、品数が思うように揃えられないことも予想されます。

　　中古品を販売するためには、売る仕組みよりも、仕入れる仕組みのほうが重要であることは、事業を始める前に注意すべき点の1つと言えます。

事例5

中古ミニカー、Nゲージの豊富な品揃え

駿河屋 秋葉原店 アニメ・ホビー館

> https://www.suruga-ya.jp/feature/akihabara_animehobby/index.html

中古のミニカーで1万台以上、Nゲージで3600台以上を取りそろえる「駿河屋 秋葉原店 アニメ・ホビー館」。圧倒的な品揃えによって「この店に来れば欲しいミニカーやNゲージが必ずある」というポジションを確立し、集客力を高めています。マニア向けの中古品は、数が多ければ多いほど「探して楽しい」「見て楽しい」というエンタメ要素が高まります。中古品は品数を増やしていくほうが、魅力的な店づくりにつながり、客数が増えていく傾向にあります。

04 | 買い取り

SDGs取り組みやすさ度 ＞ ★ ★ ★ ★ ☆

事業としてはシンプルだが、買い取り料金の目利きには経験が必要。集客にも手間がかかる。

＞ 5つに分類される「買い取り」「引き取り」サービス

　「買い取り」や「引き取り」は、ゴミを出さない取り組みとして、SDGsに貢献するサービスの1つと言えます。不用品の処分費用が高騰していることから、引き取りサービスを有料化している企業も多く、"ゴミはタダで捨てられる"という概念そのものが変わりつつあります。

　一方、ビジネスの現場ではゴミの処分サービスを利用して、付加価値を高めているお店もあります。たとえば、量販店やネットショップよりも割高で家電を販売している電器店があった場合、無料で古い家電を引き取ってくれるのであれば、「粗大ゴミとして捨てる手間がはぶける」と、自宅まで出張してくれる地域密着の電器店で家電を購入する人を集客することができるようになります。

　価格よりも時間を優先する"タイパ"を重視した人が増えたことで、ゴミの処分に手間と時間をかけたくない消費者は増えています。「買い取り」「引き取り」は共働き世帯や高齢者にとって都合のいいサービスなのです。

　「引き取り」や「買い取り」のサービスは、次のページの5つに分類されます。

「引き取り」「買い取り」サービスの分類

サービスの種類	説明
①有料引き取り	処分に困っている大型家具、家電のほか、ゴミとして捨てにくい人形や思い出の品など、お金を出してでも処分してほしい商品が対象。有料で引き取ることで会社の売上や利益にもつながり、集客効果も見込める
②無料引き取り	古新聞やアルミ製品など。引き取ったリサイクル資源を買い取ってくれるパートナー業者を見つけることができれば事業として成立する
③金券交換引き取り	不要な服や雑貨などを、お店で利用できる金券と交換する。不用品回収イベントとして集客できるうえ、金券を手渡すことで再来店を促すことが可能になる
④一律買い取り	古いデジカメやエアコンなどを「下取り」と言う名目で買い取り、その分、値引きして新商品を販売する。「下取りしてもらえる"今"買ったほうがお得」という新たな購入動機を創出することができる
⑤高額買い取り	ブランド品や高級自動車などの買い取りサービス。中古品としてのマーケットが存在しており、仕入れた商品を再販することで売上を確保することができる。円安のメリットを生かして、日本でブランド品を仕入れて海外で販売するケースも増えている

＞ SNSやブログでSDGsの取り組みの一環であることを強調する

　上記の5つのサービスのうち、「③金券交換引き取り」は、フリーマーケットのような単発イベントとしても展開しやすく、自店のサービス券を配ることにもなるので、集客力を高めるイベントとしても活用することができます。

　一方、「買い取り」や「引き取り」を店舗で展開していることをアピールしなければ、お客が不用品を持ち込んでくれないため、ホームページやSNS、チラシなどで不要品引き取りの告知を積極的におこなう必要があります。

　また、中古品の販売店でもないのに、このようなイベントを突然始めてしまうと、「なぜ、引き取りサービスを始めたんだ?」とお客に不審がられてしまう可能性もあります。そのようなネガティブな思いを抱かせないためにも、SDGsの取り組みであることを強調したうえで、お客にイベントの理解を求める情報発信をおこなう必要があります。

送るだけでOK！　不動のパソコンでも引き取るサービス

パソコンお直し隊 ＞ https://www.note-pc.biz/kaisyuu/

「すべて回収可能です。動かなくても問題ありません」そんなキャッチフレーズを掲げるのが、パソコンお直し隊の中古パソコン引き取りサービスです。キーボードやモニターなどをパーツとして再利用するため、型遅れのパソコンでも買い取りや引き取りに応じてくれます。本業がノートパソコンの修理事業者ということもあり、高い技術力を生かしてリサイクルに取り組む姿勢は、消費者に好感が得られやすいコンテンツと言えます。事前連絡や申し込みを不要とし、箱に詰めて送るだけの引き取りサービスのため、その手軽さがリピート客を増やす要因にもなっています。利用者にも環境にも考慮したSDGsの取り組みとして、参考にすべき点が多いと言えます。

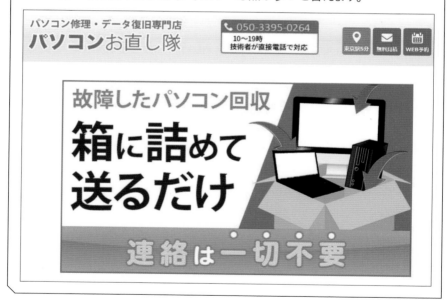

05 コンセプト

> **SDGs取り組みやすさ度** ★ ★ ☆ ☆ ☆
>
> クリエイティブな能力が必要なため難易度が高い。コンセプトをお客に伝える技術を身につければ販促の強い武器になる。

＞ 商品を「好き」ではなく「愛してもらう」

　商品を長く使ってもらうためには、商品の性能だけではなく、企業やお店に対して深い愛情を持ってもらうことが必要です。会社のこだわりやスタッフの考え方など、SNSや動画を通じて、「この商品を長く使いたい」と思ってもらうことが、商品を長期間利用してもらうためには欠かせない販促になります。

　極論を言えば、「長く使い続けてもらう＝お客の共感」であり、共感がなければ、短期間に使い捨てられたり、買い替えられたりしてしまいます。大切な人からもらったモノは大事に使い続けるのと同じで、商品を長く使い続けてもらうことは、お客の感情が占める割合が思いのほか大きいのです。

＞ 企業の自己満足に陥りやすいSNSと動画のコンテンツ

　「いいモノを作れば、長く使ってもらえる」という考えは、決してまちがってはいません。しかし、それよりも大切なことは、「いいモノを長く使いたい」と消費者自身に思ってもらうことです。

　企業のホームページでは、SNSや動画で商品の良さを伝えたり、経営者のこだわりを伝えたりするコンテンツが増えています。共感を持ってもらうために必要なコンテンツではあるのですが、一方で、内容が売り手側の自慢話になっていたり、キレイな映像だけの自己満足の動画で終わっていたりするケースも多く見受けられます。

　お客の"共感"を得るためには、一般的なコンテンツづくりより手間と時間がかかることも理解しておく必要があります。たとえば、商品を購入した人へのインタビュー取材や、同じ商品を購入した人同士が参加するイベントを開催するなど、売り手側が一方的に情報発信することよりもコンテンツづくりに労力がかかります。

スタッフにクリエイティブな能力がなければ企業のコンセプトをお客に伝えることは難しく、商品やお客に対して深い愛情がなければ企業のコンセプトをお客に伝えることはできません。まずは、お客よりもスタッフに企業の"思い"を理解してもらうことから始める必要があります。

コロナ禍に普及したオンライン上の販売方法「インスタライブ」などは、スタッフとお客がリアルタイムでコミュニケーションを取りながら商品を販売していくスタイルとして注目されています。このようなデジタルツールを使って企業側のコンセプトを伝えて、お客と密な関係性を作ることが、今後は「この商品を長く使いたい」というモチベーションの構築につながっていくのではないでしょうか。

事例7

商品を好きにさせるコンテンツづくり

土屋鞄製造所 > https://tsuchiya-kaban.jp/

ランドセルを始め、メンズ、レディースのバッグ、財布などを扱う土屋鞄製造所。ホームページやパンフレットで伝える商品の世界観が共感を呼び、「長くこの商品を使いたい」と思わせるコンテンツづくりがファン客を増やす要因になっています。商品を「買ってもらう」のではなく、「好きになってもらう」というマーケティング戦略が、これからのSDGsの事業には求められます。

事例8

お店と長く付き合いたくなるニュースレター

アンドはとや > https://and-hatoya.com/

家電の販売やリフォームなどをおこなう電器店「アンドはとや」では、2006年から顧客向けのニュースレター「はとポッ報」を発行しています。家電やリフォームの紹介のほか、スタッフの日常のエピソードなどを記事として店舗周辺の世帯に配布。ニュースレターを通じて、お客が「このお店の家電を長く使い続けたい」という思いを高めてくれるため、買った家電を丁寧に使ったり、修理して使い続けてくれたり、情報発信の活動そのものがSDGsの活動に貢献しています。

06 ｜ 長期保証

SDGs取り組みやすさ度 ＞ ★ ★ ★ ★ ★

店舗独自の延長保証を作る。有料で保証期間を延長するのも一手。

＞ 保証が長ければゴミは増えない

　　商品の「保証」さえあれば、壊れてもその商品を修理して長く使い続けてくれます。ゴミを増やさない取り組みの一環でもあるため、商品に保証やアフターサービスをつけることは、SDGsの取り組みに貢献したサービスの1つと言えます。お客も保証がついていれば安心して購入してくれますし、長期保証になればなるほど、商品に自信があることが消費者にも伝わりやすくなります。

　　保証をアピールする際の注意点は3つあります。

　　1つめは、業界の平均保証期間よりも長く設定することです。メーカーで定められた保証期間を延長することはできませんが、出張サービスや修理の割引など、お店独自の保証を設けて、競合店との差別化を図ることは可能です。

　　2つめは、「保証」のサービスがあることを、店頭やホームページでしっかりとアピールすることです。保証が当たり前のサービスだと思っているお店は多く、買う時にはじめて保証がついていることを知るお客も少なくありません。

　　また、「保証」というサービスそのものがSDGsに直結していることを、お客に伝える必要もあります。長期保証を設けることがゴミの削減や資源を守ることになり、このような取り組みが他店との差別化になって、そのお店で商品を購入する動機にもつながっていきます。

＞ 「長期保証付き」で価格競争から脱する

　　3つめの注意点は、長期保証の対象外になる修理やトラブルについて、わかりやすく明記することです。

　　たとえば、消耗品や摩耗品が起因になる故障、まちがった使い方、天変地異や不慮の事故などは、保証でカバーしきれないトラブルになる可能性が高いので、

購入時にお客に保証対象外であることを伝える必要があります。

　また、長期保証になると、サビやカビ、腐食などが原因で故障や破損につながるケースもあるため、長期間を想定した"例外"のトラブルも考慮したうえで、保証内容を考えていかなければいけません。

　何気なく商品につけていた「保証」も、アピール次第ではSDGsのコンテンツとして利用することができます。価格競争から脱するための付加価値にもなり、他店との差別化のポイントにもなります。「長く商品を使いたい」というSDGsのトレンドがさらに強まれば、お客の保証に対する意識も変わり、集客や販売に大きな影響を与えるサービスになります。

事例9

驚異の10年保証で高いサービス力をアピール

交換できるくん ＞ https://www.sunrefre.jp/

トイレなどの住宅設備をネットで販売する「交換できるくん」では、2022年10月より全商品が「10年保証」という画期的なアフターサービスを開始しました。修理代0円、修理回数制限なしという至れり尽くせりの補償内容は、他社との差別化にもなり、商品やサービス全体の信頼感にもつながります。今後は壊れたらすぐに新しい商品に買い替えるよりも、修理をして長く使い続けることのほうが、お客に支持されるようになります。

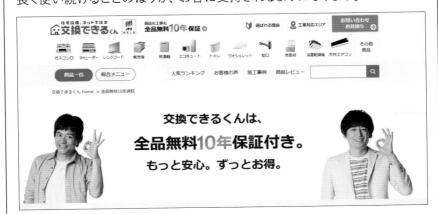

事例10

商品撮影の初心者には嬉しい。購入者は永久に相談無料

王様の撮影キット > https://netshop-set.com/

ネットショップの撮影キットを販売する王様の撮影キットでは、プロの商品撮影講師が、何度でも永久無料で売れる商品写真の撮り方を個別指導してくれます。質問や問い合わせの対応をスムーズにするために、よくある相談事に関しては動画やコンテンツに事前にまとめており、リンクを貼って案内することで、質疑応答の効率を図っています。王様の撮影キットのように、使いこなせるまでお客に寄り添ってくれるアフターサービスを展開すれば、最終的にはゴミを減らすSDGsの活動につながります。

第2章

すべての人を
幸せにする
商品アイデア
発想法

07 ユニセックス商品

> **SDGs取り組みやすさ度** ▷ ★★★☆☆
>
> 商品開発が難しい。新商品を作るのではなく、既存商品を応用するのが得策。

〉 市場が2倍に広がるジェンダーレス商品

　　SDGsの「ゴール5・ジェンダー平等を実現しよう」では、雇用や給与、家事負担などで、男女の差別をなくすことが目標として掲げられています。「男だから○○しなくてはいけない」「女だから○○しなくてはいけない」という性別による固定概念が、生きづらさを生み出している背景もあり、男女兼用で使えるジェンダーレスの商品が1つのマーケットとして確立されています。

　　ジェンダーレスの市場が注目されている理由の1つとして、芸能人や有名人がジェンダーレスであることをカミングアウトしていることが考えられます。また、女性の社会進出によって「かわいく見られたい」という考え方がすべてではなくなった点や、男性が「男らしい」と思われることよりも「優しい」「エレガント」だと思われたい人が増えたことも、男女の固定概念がボーダレス化している理由だと思われます。

　　コロナ禍でおうち時間が増えたことも、ジェンダーレスの市場が拡大した要因として考えられます。「人にどう見られるか」よりも「自分が何を着たいか」がファッションの主軸になったことで、自分の好きな服を自由に着こなす人が増えました。その結果、性別を問わないボーダレスなファッションの楽しみ方が浸透し、男女兼用の商品のマーケットが広がったと思われます。

〉 「男性用」「女性用」の固定概念が ビジネスチャンスを潰す

　　男女兼用の商品は、おもにアパレル関連、化粧品関連の業界で多く見受けられます。特に服に関しては、ボディラインがわかりにくいゆったりとしたデザインのものが増えており、癖のない中間色や無彩色のシンプルなものが男女ともに支持

されています。ほかにも靴や鞄のほか、コスメやエステ、雑貨や日傘など、男女兼用で使えるデザインの商品は年々増加傾向にあります。「男性用」「女性用」とターゲットを絞り込んでしまうほうが、ビジネスチャンスを逃してしまう可能性があります。

　今後、ジェンダーレスの商品で成長が見込めるのが、趣味や仕事のマーケットです。「この趣味は男性がやるもの」「この仕事は女性がやるもの」と固定概念の強い職種に、次々に新しい性別の人が参入することで、新たな消費が生まれる可能性があります。

　たとえば、DIYの市場も、女性が参入することによって、女性用の可愛らしいデザインの工具が売上を伸ばしました。また、女性が通うものだと認識されていた料理教室も、今は男性向けの講座が連日満席になるほどの盛況ぶりです。

　格闘技や釣りの市場は、まだまだ男性向けのものが多く、女性向けの商品は手薄の状態です。システムエンジニアや自動車整備の業界も、男性主流の業界なので、ここに女性向けの職場環境づくりを提案することで、人手不足の問題が解決していく可能性もあります。

　一方、フラワーアレンジメントやネイルの世界は、男性の市場がまだまだ広がる可能性が高く、エステシャンやウエディングプランナーの業界でも男性が重宝される時代がやってくるかもしれません。

　このように、「男らしさ」「女らしさ」という固定概念を捨てることが、新たなジェンダーレスの市場でヒット商品を生み出すチャンスにつながっていきます。

女性にも愛される男性化粧品

BOTCHAN > https://botchan.tokyo/

メンズコスメブランド「BOTCHAN」。パッケージはオレンジ、ピンク、黄色などカラフルなカラーを主体としたことで、楽しく使えるコスメを演出し、男性の購入ハードルを下げたのが特徴と言えます。また、男性と女性をかんたんに2分割するのではなく、グラデーションのようにとらえることで、ジェンダーレスのブランディングを構築したことも、BOTCHANが多くの人に受け入れられた要因の1つと言えます。実際、BOTCHANの女性ユーザーは購入者の約半数を占め、性別を超えて受け入れられていることが伺えます。パッケージや商品コンセプト、商品の内容は男女両方に加えて、LGBTQの人たちにもヒアリングしたうえで、マーケティング戦略を組み立てていく必要があります。

08 ユニバーサルデザイン

SDGs取り組みやすさ度 ★ ★ ☆ ☆ ☆

商品アイデアがなかなか思いつかないため、支援団体と共同で商品開発するのも一手。

＞ なぜ、「自動ドア」がSDGsのサービスになるのか？

「ユニバーサルデザイン」とは、年齢、性別、文化、身体の状態に関係なく、だれもが使いやすく、利用しやすい商品、仕組み、サービスを提供する考え方のことです。身近な例で言えば、自動ドアや多機能トイレは、子どもからお年寄り、外国人から体の不自由な人まで、すべての人が利用してくれるユニバーサルデザインと言えます。

アイデア1つで、多くの人の生活の手助けになる商品は、ターゲットが広がる分、売れるチャンスも拡大することになります。たとえば、「柔らかくて食べやすい食事」などは、歯の生えそろっていない子どもでも食べやすい食事になり、なおかつ歯が抜けてしまった高齢者でも食べやすい食事になります。また、センサー式の蛇口は手が汚れている主婦が使いやすい蛇口でもあり、目が不自由な人でも使いやすい蛇口にもなるので、両者にとって便利なツールになります。

ユニバーサルデザインの市場規模は、2020年時点で40兆円を超えるとも言われています。"だれでも"というコンセプトで商品を作るために、ターゲットが広がり、ヒット商品につながる可能性が高いのです。

＞ 「困っている人」を常に想像する

ユニバーサルデザインの商品を開発するポイントは、既存の商品を「こんなふうに工夫したら、こういう人にとって使いやすい」と、イメージを膨らませることです。たとえば、パジャマであれば、「介護の現場で使いやすいものに作り変えれば、お年寄りにも喜んでもらえるのではないか」などと想像することが、ユニバーサルデザインの商品を作るきっかけになります。

また、説明書に英語や中国語の文言を付け足して、外国の人でも困らないよう

にする工夫なども、常に困っている人を想像することによって生まれたユニバーサルデザインのアイデアの1つと言えます。

　ユニバーサルデザインの商品やサービスは、消費者から「よく考えている」と感心されて、お客に寄り添ったアイデア商品として支持されます。既存の商品のちょっとした工夫で、困っている人の役に立つ商品に改良することは、市場を広げるだけではなく、お客の共感や支持にもつながりやすいです。

事例12

使いやすい工夫で年齢や体格を問わず寄り添う

ユニバーサル食器 ＞ https://www.sanshin-kako.co.jp/products/universal/

三信化工株式会社は、よりすくいやすく、食べやすくなることを追求したユニバーサル食器を開発しています。こぼしにくい深さ、すくいやすい広がりのある形にしたほか、すくうことを誘導する絵柄を入れたり、食器の底にゴムをつけて滑りにくくしたりするなど、細かい部分にも配慮がいきわたっています。自社の商品の中にも、ちょっとした使いづらさを改良するだけで、ユニバーサルデザインになる商品があるかもしれません。

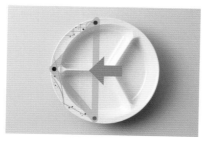

大きな3つのドットが三角形を形成、目印効果ですくう方向へと動作を誘導。センターのドットを強調し、器のセット方向をわかりやすくしている。

フチは手を添えて支えることを促し、料理のこぼれ落ちを軽減するように傾斜がついている。

発達障がいの人だけでなく
子どもからお年寄りまでが使いやすいノート

mahora > https://og-shiko.co.jp/mahora/

発達障がいの人がストレスなく使用できるノート「mahora」（まほら）は、大栗紙工株式会社が当事者約100名にアンケート調査やヒアリングをおこなって開発した商品です。白い紙に比べて反射を抑えた色合いの用紙を使用したり、書いているところを見失わない独自の罫線を採用したり、発達障がいの人だけでなく、子どもからお年寄りまでが使いやすいノートとして、多くの人に愛用されています。社会的に困っている人に寄り添う商品は、一般の人にも受け入れられやすい商品にもなります。

09 プラごみゼロ商品

SDGs取り組みやすさ度 ＞ ★ ☆ ☆ ☆ ☆

原材料費のコストが上昇するのが難点。販促方法に工夫を凝らし、広報活動にも力を入れる必要がある。

＞ 本当に「プラスチックごみ」は削減できるのか？

　プラスチック製品は安価で耐久性があるため、食品容器や買い物袋などに利用されています。一方、使用後に使い捨てられてしまうため、海洋プラスチックゴミの増加をはじめとした環境破壊のテーマとして社会問題化しています。

　限りある資源の石油を利用している点でも、プラスチック製品はSDGsの「ゴール7・エネルギーをみんなに そしてクリーンに」に逆行しています。また、プラスチックゴミを焼却することによって生まれる二酸化炭素も、地球温暖化の要因として大きな問題になっています。

　そのような背景もあり、2019年5月にはプラスチック資源循環戦略が策定され、プラスチック製の容器や包装を、再生材や紙、バイオプラスチックなどの再生可能資源に切り替えることが推奨されています。

　プラスチックの代替えとなる素材は下記の表の3種類があります。

素材	説明
①プラスチック以外の素材	紙や段ボール、新聞などの古紙を主原料にした「パルプモールド」、サトウキビを圧搾した際に出てくる「バガス」、竹、お米、石灰石をプラスチックに混ぜて使用する新素材など
②再生プラスチック	エコマークがついた再生プラスチックは石油由来のプラスチックよりも二酸化炭素排出量が少ないと言われている
③バイオプラスチック	植物などの再生可能な有機資源を原料とした「バイオマスプラスチック」、ある一定の条件下で自然界に豊富に存在する微生物によって分解されて、二酸化炭素と水になる「生物分解性プラスチック」など

地球の環境を守るのか？　企業の利益を守るのか？

　これらの新素材を使って、多くの企業が環境に優しい商品の開発に力を入れています。特に、使い捨てになりやすいトレーや食品容器、袋、カトラリーやクリアファイルなどは、新素材に移行するケースが増えています。

　一方、プラスチックの代替え素材は、従来のプラスチック素材よりもコストがかかるため、思うように普及していないという問題を抱えています。

　以前、SDGsの販促品の展示会に行った際、プラスチックの代替え素材で作った商品と、ネットで販売されている一般素材の商品の売価を比較したところ、最大で10倍以上の開きがある商品もありました。代替え素材の普及にはまだまだ時間がかかりそうです。

一般素材の商品（ネットショップで販売されている商品）と
エコ素材の商品（SDGsイベントの展示会に出品されていた商品）**の価格比較**（2022年時点）

商品	エコ素材 （1本・1個）		一般素材 （1本・1個）		価格差
使い捨てストロー	紙製	6.6 円	プラ製	0.64 円	10 倍
使い捨てスプーン	木製	6.9 円	プラ製	4.34 円	1.6 倍
使い捨てパック (L)	紙製	30.8 円	プラ製	5.18 円	5.9 倍
トートバッグ (A4)	オーガニックコットン	145 円	不織布	48 円	3 倍
マグカップ	竹製	528 円	陶器	156 円	3.3 倍
ボールペン	紙製	165 円	プラ製	17.6 円	9.3 倍

※著者による独自調査

　プラスチック素材に比べて、紙や木の素材は耐久性が弱く、匂いもするため、使用を敬遠するお店も少なくありません。また、注射器や点滴パック、スマートフォンや家電などではプラスチック素材でなければ対応できない部品も多くあり、代替え素材ですべてを賄うのは難しい状況です。

代替え素材の利用とSDGsの広報活動はセットで考える

　脱プラスチック素材を目指すためには、消費者側と企業側の双方の考え方や取り組みを大きく変えていく必要があります。

　消費者側は、プラスチックの代替え素材を使うことで、不便になることや価格が

上昇することを受け入れていかなければいけません。また、代替え素材を使うことで、"今までと違うこと"をどこまで許容できるかが、プラスチック素材の削減につながっていきます。

　一方、売り手側は、プラスチック素材を「使わない」という選択をするのか、もしくはプラスチック素材の使用量を削減していくのか、何かしらの方向性を決めていかなければいけません。

　最終的には、代替え素材を使うことによって増えたコストを、企業側がSDGsに取り組むコンテンツづくりの費用としてみなしていく必要があると思います。「宣伝コスト」「ブランディングコスト」「イメージアップコスト」として、どこかで割り切ることが企業側には求められます。

　闇雲に代替え素材を使うのではなく、代替え素材を使うまでのストーリーを動画やSNSで発信したり、代替え素材を使っていることを消費者にわかりやすく伝えるマークを制作したり、情報発信と代替え素材の利用はセットで考えていく必要があります。

　特に、代替え素材は容器やケース、袋などの目立たないところに使用されているため、一般の人から見れば、それがプラスチック素材なのか、代替え素材なのか、わかりにくいところがあります。キャッチコピーやイラスト、マークなどで、環境に優しい素材を使っていることを積極的にアピールしていかなければいけません。

事例14

環境保全のイメージが伝わりやすい植物資源・残渣を有効活用したプラスチック代替え素材

modo-cell > https://amica-terra.com/

株式会社アミカテラの素材「modo-cell®」は、さまざまな植物繊維（セルロース）を主原料に利用できるため、放置竹林の竹や、食品・飲料品メーカーから排出される植物残渣など、これまで活用されていなかった植物資源からプラスチック代替え製品を成型することができます。また、焼却してもダイオキシンなどの有害物質が発生せず、可燃ごみとして廃棄することが可能です。技術が開発された台湾では、コーヒー残渣を利用したタンブラーがコーヒーチェーン店で販売されるなど、広く利用されています。日本でもストローの生産が始まっており、食器や使い捨て容器などへの導入が予定されています。植物由来の素材は環境保全のイメージが強く、消費者にSDGsの取り組みが伝わりやすい利点があります。

事例15

ポップコーンで作った「食べられる緩衝材」

食べられる緩衝材 > https://www.azechifoods.com/

輸送時に荷物が壊れないために箱に詰める緩衝材をポップコーンにした、有限会社あぜち食品の「食べられる緩衝材」。石油素材のスチロール素材を使わず、輸送が終われば緩衝材そのものが食べられるというユニークな緩衝材は、ネット通販を展開している企業からの引き合いが多いそうです。もちろん、すべての緩衝材をポップコーンに切り替えることは難しいですが、このような話題性のある緩衝材をスポットで使用することで、SDGs の取り組みをアピールすることが可能になります。ポップコーンに限らず、食べられる食器や、食べられる包装紙など、使用した後に"食べてなくなる"という容器や包装品は、話題性もあり、消費者に支持される可能性が高いと言えます。

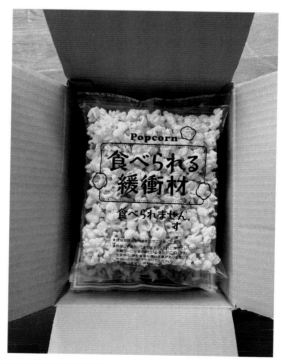

10 防災商品

> **SDGs取り組みやすさ度** ★★★★☆
> 既存の商品を応用しやすい。需要も大きく話題性もある。価格比較もされにくい。

＞ あなたの会社の商品が町と命を救う

　防災商品は「ゴール11・住み続けられるまちづくり」と「ゴール13・気候変動に具体的な対策」の2つに関連していることから、積極的に取り組む価値のあるSDGsの商品カテゴリーと言えます。

　近年は温暖化の影響で、日本各地で台風やゲリラ豪雨が発生しやすくなっています。東日本大震災以降、頻繁に地震が発生していることもあり、防災用品の需要は年々高まっています。

「うちの商品は防災用品とは無関係だ」と思われる人も多いと思います。しかし、一般的に販売されている日用品や食料品は防災用品と兼用できるケースが多く、SDGsに対応した商品として展開しやすい一面があります。

　以下、その商品例をまとめてみました。この中で自分のお店や企業で取り扱っている商品があれば、防災用品として販売したり、防災フェアを展開してみたりするのも一手です。

防災用品に転換できる日用品や食料品

商品カテゴリー	商品
飲食料品	缶詰、レトルト食品、水、カップ麺、飴、チョコ
日用品	カセットコンロ、カセットボンベ、ポリタンク、紙皿、紙コップ、割りばし、乾電池、筆記用具、油性マジック、携帯ラジオ、ヘルメット、笛、軍手、懐中電灯、長靴、消火器、タオル、バスタオル、毛布、簡易トイレ、ビニール袋、ビニールシート、粘着テープ、ライター、マッチ、ろうそく
道具類	万能ナイフ、シャベル、バール、ノコギリ、ハンマー、工具セット、ほうき、チリトリ、ロープ（10m）
衛生用品	マスク、消毒液、ウエットティッシュ、ティッシュペーパー、トイレットペーパー、救急用品セット、薬、毛抜き、携帯用カイロ

＞ 新商品を作るなら防災グッズがおすすめな理由

　自社で取り扱っている商品を、そのまま防災用の商品として売り出してみるのもいいと思います。たとえば、防水仕様のバッグを防災バッグとして売り出してみたり、賞味期限の長いレトルト食品を非常食として販売してみたり、新しいカテゴリーの商品開発がしやすい点も防災グッズの特徴と言えます。

　毎年、9月は防災月間のため、その時期になるとメディアで積極的に防災グッズが紹介されます。また、災害があった直後や、災害があった周年になると、防災に対する消費者の意識が高まり、防災グッズを買い求める人が増える傾向にあります。自社商品の販路を広げてくれて、なおかつ人の役に立つ防災グッズは、新商品として開発に取り組む価値のあるサステナブルな商品と言えます。

> 事例16

オシャレなパッケージの防災食が人気

長期保存食 IZAMESHI（イザメシ） ＞ https://izameshi.com/

災害時に食べられる長期保存食「イザメシ」は、保存食の常識をひっくり返したユニークな商品として注目されています。開封後すぐに食べられる缶詰は「鶏の特製醤油だれ」や「ホタテと卵のチリソース」など味のレパートリーが多く、オシャレなパッケージのため、部屋の目立つところにさりげなく置けるメリットもあります。アウトドアや毎日の食卓でも食せるため、ギフト品としても人気です。非常食を非常時だけのものにしないというコンセプトは、今後、多くの商品で広がっていく可能性があります。

防災ずきんよりも被りやすい帽子

ほっと安心帽 > http://hot-anshin.com/

市販の防災ずきんよりも軽くて衝撃に強い「ほっと安心帽」は、ヘルメットや防災ずきんを被ることが苦手な子どもがいる幼稚園や保育園で導入されています。ほかにも紅白帽タイプやカラー帽タイプも取り揃えており、普段使いの帽子に安全性を取り入れたユニークなアイデア商品として、2018年にはキッズデザイン賞を受賞しています。日常で使用している商品に防災機能を付け加えたことで、重さ、通気、デザイン、洗濯など日常の取り扱い、価格などの面でデメリットが生じたようですが、そこにうまく対策して新しい付加価値を提案した好例と言えます。

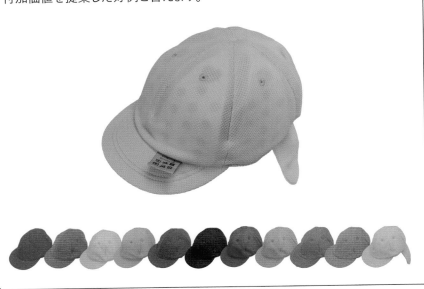

11 | 猛暑対策

> **SDGs取り組みやすさ度** > ★ ★ ★ ★ ☆
> エアコンの温度設定や猛暑対策のノベルティグッズの配布など販促手法が豊富。

猛暑対策商品は、地球温暖化を真剣に考えるきっかけになる

　気象庁によると、最高気温35度以上の猛暑日と、最低気温25度以上の熱帯夜は、年々増加傾向にあるそうです。SDGsの「ゴール13・気候変動に具体的な対策を」にも当てはまる猛暑対策に関わる商品は、今後、市場が拡大していく可能性が高いと言えます。

　以下、猛暑によって夏によく売れる商品の一例となります。

・ネッククーラー　　・冷感スプレー　　・冷感枕カバー
・首掛け扇風機　　・日傘　　・タオルケット
・冷感タオル　　・冷感敷パッド　　・空調服

　これらの商品は、開発・販売するだけではなく、景品やノベルティグッズとして配布することで、SDGsの取り組みをアピールすることができます。猛暑時期にお客に受け取ってもらいやすく、なおかつ、もらってうれしい商品になるので、企業やお店のイメージアップにつながります。

工務店やリフォーム会社に新たなビジネスチャンス

　猛暑時期になると、エアコン代を節約するための扇風機や冷風機のほか、うちわや扇子、すだれやよしず、風鈴などの古典的な節電グッズにも注目が集まります。

　室内の電気代を節約するための遮熱カーテンや遮熱塗料、遮熱フィルムや大型シーリングファンの取り付けなど、猛暑だからこそ消費者に求められるサービスも、今後は工務店やリフォーム会社などの新サービスとして主軸になっていくこと

が予想されます。

　庭や広場のスプリンクラーの設置や、人通りの多い場所でのミスト噴射、マンションや住宅へのつる植物を使った緑のカーテンの設置など、ガーデニング関連のビジネスでも、猛暑対策商品の取り扱いは増えていくと思われます。

　これらの商品は、SDGsの目標を掲げたうえで、気候変動に対応した猛暑対策商品であることをアピールしたほうが、お客も納得して購入してくれます。暑さを凌ぐだけの商品にするのではなく、暑さを回避し、地球温暖化や気候変動について真剣に考える機会を消費者側に作ることも、企業としての重要な役割と言えます。

事例18

遮熱塗料で工場やオフィスの電気代を節約

志賀塗装 > https://www.shigatoso.co.jp/

志賀塗装株式会社では、屋根・外壁や窓ガラスを特殊な塗料で塗ることで、高反射と放熱で遮熱性を高めて、節電効果を生み出す塗装サービスを展開しています。空調の負担を低減し、節電対策も期待できることから、一般家庭だけではなく、工場やオフィスからも依頼があるそうです。気候変動がより激しくなる中、このような遮熱塗装のサービスは、ますます需要が広がっていくと思われます。

事例19

猛暑対策の商品だけど秋まで使える寝具

洗えるリバーシブルクールケット ＞ https://www.nishikawa1566.com/

冷感タイプのクール生地と肌触りの良いタオル生地をリバーシブルにした西川株式会社の「洗えるリバーシブルクールケット」。猛暑日から秋まで長く使えるアイデア商品として人気を集めています。気候変動によって夏と秋の境目がわかりにくくなっていることもあり、猛暑日"に"対応できる商品よりも、猛暑日"にも"対応できる商品のほうが、消費者には支持されます。

12 寒さ対策

| SDGs取り組みやすさ度 | ★ ★ ★ ☆ ☆ |

対象となる商品アイテムやサービスが少ない。暖かいだけでSDGsと結びつけるのが難しい。

＞ 暖かい室内着が冬の電気代節約につながる

夏の猛暑対策がSDGsの「ゴール13・気候変動に具体的な対策を」であるのに対して、冬の寒さ対策は「ゴール7・エネルギーをみんなに そしてクリーンに」と、節電のほうに効果が求められます。

エアコンや電気カーペット、電気コタツの節電以外にも、窓に貼る断熱シートや窓の隙間に貼る断熱テープなど、電気代を節約しながら暖をとるグッズが、SDGsに貢献する商品として冬の時期に注目を集めます。

部屋の中で厚着をすることも、節電効果の高い有効な手段と言えます。厚手の靴下や腹巻をはじめ、ネックウォーマーやレッグウォーマーなども電気代の節約にひと役買ってくれます。ほかにも、湯たんぽのようなレトロな暖房器具も、今の若い世代には真新しい節電グッズに見えることから、人気を集めています。

＞ 節電意識の高いお客に売れるヒット商品とは

冬の節電グッズは、夏の猛暑対策グッズほど商品のラインナップが充実していないのが現状です。競合が少ない分、ひと工夫すればヒット商品につながる可能性が高く、新商品のカテゴリーとしてもおすすめです。

たとえば、フローリングに敷く断熱効果の高いジョイントマットや、暖かいパジャマ、室内スリッパなどは、デザイン性や機能性の面で、まだまだ開発の余地はあります。電気代が高騰し、「節電＝SDGs」の認識が高まっている今、冬の節電グッズのヒット商品が生まれやすい環境にあります。

節電もできてオシャレな部屋着

綿入れ半纏 > https://miyata-orimono.co.jp/

日本の伝統的な防寒着を現代風にアレンジした宮田織物株式会社の「綿入れ半纏」。レトロ感のあるオシャレな風貌もあって若い世代にも支持され、ネット通販でも好調に売れています。SDGsの意識が高いZ世代（1996年～2010年生まれ）には、回顧的な商品が受け入れられやすく、火鉢やダルマストーブなどの暖房器具も人気を集めています。節電とレトロを組み合わせた商品は、ヒット商品になる可能性が高いと言えます。

13 共働き商品

> SDGs取り組みやすさ度 ★★★★☆

家事や子育てに便利な商品は男女が共に使いやすい。既存の商品でも該当するものが多い。

男性が率先して家事を手伝いたくなる商品

「共働き商品」とは、働くお母さん、子育てをするお父さんが、少しでも家事や洗濯がラクになる商品のことをいいます。SDGsの「ゴール5・ジェンダー平等を実現しよう」と「ゴール8・働きがいも経済成長も」の2つの目標を達成するためには、共働きを支援する商品の存在は必要不可欠と言えます。

夜遅くに掃除をしても近所に迷惑がかからない静かな掃除機や、電源を入れるだけで勝手に調理をしてくれる電気調理鍋などの商品は、共働きの夫婦にとって非常に重宝する家電と言えます。

また、男性に食事の準備を積極的にしてもらうために、機能性が高くておしゃれなキッチン用品を取りそろえることも、家事を分担するための施策の1つです。調理の手間を省くフードプロセッサーや、かんたんに味付けができる調味料など、男性がキッチンに立ってすぐに調理ができる商品は、共働き世帯の増加に比例して、需要も高まっていくと思われます。

女性が使いやすい商品は、男性も使いやすい

子育てが楽になる商品も、働くお母さんや子育てを手伝うお父さんに人気です。適温がすぐにわかる哺乳瓶や、食洗器で洗えるシリコンビブなどは、子育てが苦手なお父さんだけでなく、忙しいお母さんにも支持されます。

ほかにも、抱っこ紐とバッグがセットになった商品や、おむつ替えシートとポーチがセットになった商品など、2way型の商品が小さな子どもを持つお父さんに人気です。

女性の子育てや料理がラクになる商品は、男性でも使いやすい商品と言えます。そのような利便性の高い商品は、共働きを支援するSDGsに適した商品とし

て、多くの人に支持されるようになります。

　今までは、「子育てや料理がラクになります」と利便性だけを訴えてきた商品も、持続可能な社会を見据えて、「SDGs対応商品」としてアピールしていく必要があります。

事例21

共働きの手助けは職場から

ハート ＞ https://www.heart-kochi.jp/

オーガニックの寝具を販売する株式会社ハートは、社長を除く全員が女性スタッフです。昔から「家庭が一番、仕事が二番」をモットーにしている会社ということもあって、自然とその環境が女性の働きやすい職場となったそうです。授業参観や運動会はもちろんのこと、子どもが体調を崩した時に気兼ねなく休暇を取ることができます。また、産休や親の介護だけでなく、ペットの介護で休んでもなんら問題ありません。共働きの支援は、商品づくりだけでなく、職場の環境づくりでもアピールすることが可能です。

男性がキッチンに立ちたくなる商品

男のエプロン屋 > https://ya-apron.com/

輸入物からオリジナル商品まで、さまざまな男性用のエプロンを取りそろえるネットショップ「男のエプロン屋」。身長別で選べたり、ガーデニングやバーベキューなどの用途別で選べたり、男性視点のユーザビリティがよく考えられたサイトです。父の日や結婚祝い、誕生日や退職祝いなどのギフト需要も見込めるため、ターゲットは男女問わず狙えそうなアイテムです。共働き世帯の男性ユーザーを狙った「男性専用」の家事用品やキッチン用品の専門店は、まだまだビジネスチャンスがありそうです。

14 | 妊産婦商品

> **SDGs取り組みやすさ度** > ★ ★ ☆ ☆ ☆
> 既存の商品を応用しやすい。ただし、該当する商品が少ない。新規ビジネスとして
> おすすめ。

> 女性の「妊娠中」と「妊娠後」を助けるアイテム

「妊産婦」とは、妊娠開始から産後6〜8週間の期間の女性のことです。この時期は体力的にも精神的にも非常に大変な時期であり、SDGsの「ゴール3・すべての人に健康と福祉を」の観点から、企業が積極的に取り組むべきテーマの1つと言えます。

妊産婦向けの商品は、一般的に販売されているものをアレンジした商品が多いのが特徴です。たとえば、カフェインレスの飲み物や、転びにくい平らな靴など、企業ですでに取り扱っている商品を、名称とパッケージを変えて提供するのも一手だと思います。

また、下着やウエアの仕様やサイズを変更するだけで、妊産婦が使いやすいものになるケースも多々あります。マタニティ用のブラジャーやショーツ、腹帯や腹巻、マタニティウエアなどは、妊産婦の方に直接ヒアリングをして、既存の商品の問題点を洗い出せば、ユニークな新商品を作ることが可能です。

妊産婦は肌に変化が表れやすい時期でもあるので、専用の化粧水や乳液などの商品も喜ばれます。体勢が楽になる抱き枕や、ちょっとした出産祝いで使える母子手帳ケースなど、自社の商品を見直せば、すぐにでも商品化できるグッズは多数ありそうです。

> 決してハードルが高くない「健康」と「福祉」の商品

商品だけではなく、ハウスクリーニングやベビーシッター、買い物代行も、妊産婦の生活をフォローするために欠かせないサービスと言えます。部屋をキレイにしたり、子どもの面倒を見たりする業務内容をアピールするのではなく、妊産婦の生活をフォローするサービスであることを強調したうえで、積極的にSDGsへの取り

組みを打ち出す必要があります。

　SDGsの「ゴール3」の目標として掲げられている「健康」と「福祉」という言葉を目にすると、テーマが大きすぎて「自分たちでは取り組めない」と尻込みしてしまう会社も少なくありません。しかし、これらのテーマを「妊産婦に寄り添う商品」として捉えれば、ハードルが高い商品ではないことが理解できると思います。

　女性の健康や福祉に関わる商品は、企業のイメージアップにもつながりますし、既存の商品の工夫次第でヒット商品が生まれる可能性もあります。新規事業の取り組みとしてもおすすめの商品カテゴリーと言えます。

事例23

妊娠期のデリケート肌を徹底的に考えた 妊婦ボディケアクリーム

ママ＆キッズ ナチュラルマーククリーム
> https://www.natural-s.jp/shop/g/g261/

株式会社ナチュラルサイエンスが販売する「ママ＆キッズ ナチュラルマーククリーム」は、皮膚科医、助産師の協力で生まれた妊婦専用のボディケアクリームです。無香料、無着色、低刺激処方なので、ニオイに敏感なつわりの時期や妊娠期の敏感肌に安心して使用でき、余ったら生まれてくる赤ちゃんと一緒にも使えます。また、中身を最後まで新鮮に使えるフレッシュポンプボトルを採用しているのも特徴です。

自宅にいながらスーパーの買い物ができる

スーパーサンシ ＞ https://www.supersanshi.com/

三重県四日市市でネットスーパーを展開するスーパーサンシ。身体を自由に動かすことが難しい妊産婦にとって、ネットからスーパーの食品が購入できるのは非常にありがたいサービスと言えます。また、スーパーサンシの場合、受注から宅配までをすべて自社で賄っているため、ほかのネットスーパーよりも利益率が高いのが特徴です。自社で構築したネットスーパーの宅配システムを、仕組みとして多くのスーパーに提供しているので、興味のある企業はぜひ一度問い合わせをしてみてください。

15 ｜ シニア向け商品

SDGs取り組みやすさ度 ★★★☆☆
マーケットは広いが販促の難易度が高い。シニア層を取り込むのにも時間がかかる。

＞ シニアの「困っていること」に注目

　シニア向けの商品は、高齢者の増加に伴い、今後の需要拡大が期待できるマーケットです。SDGsの観点から見ても、街づくりや貧困問題、健康や福祉に絡むケースが多く、持続可能な社会を目指すうえで、高齢者に優しい商品やサービスを提供することは、企業が取り組むべき必須のテーマと言えます。

　シニア向けの商品は、おもに足腰が弱くなった人に向けた、生活補助に関わるアイテムが多いのが特徴です。立ち上がり用の補助手すりや浴槽手すり、玄関チェアなどは、リフォーム会社や工務店がすぐにでも提供できるサービスと言えます。

　また、杖やステッキなどの歩行を補助する商品も、取り扱いが難しいものではないので、ネットショップや小売店の新商品としてもおすすめです。ほかにも、入浴の際のシャワーチェアやリビングで使う高座イスなども、使い勝手やデザインにまだまだ改善の余地がある商品と言えます。

　目が見えづらくなったり、耳が遠くなったりした場合の補助商品も需要が高まっています。テレビ用のスピーカーや、新聞や雑誌を読むための拡大鏡、手持ちルーペも今後は市場の拡大が予想されます。使う環境や症状がそれぞれ違うため、オーダーメイドの商品や、デザインや材質にこだわったギフト品なども、需要の拡大が見込まれます。

＞ なぜ、シニア向けのマーケティングは難しいのか？

　一方、シニア向けの商品開発のマーケティングは難易度が高いことも忘れてはいけません。シニアの方は、時間をかけて自分のアイデンティティを築き上げてきた人たちです。商品を購入してもらえる信頼を獲得するまで、非常に時間がかかる

のが特徴です。

　また、商品のキャッチコピーやパッケージに「シニア向け」「高齢者向け」と謳っても、本人が「シニアではない」と思っているケースも多く、ターゲットを絞ったサービスを提供しても、芳しくない結果になることも多々あります。

「敬老の日」のイベントは、高齢者が増えているわりには、盛り上がりに欠けているのが現状です。シニアだと思われたくない高齢者と、シニアだと決めつけてプレゼントを贈るのは失礼だと思う子どもや孫が、お互いにけん制し合うことで、思うようにマーケットが広がっていません。

　シニア向けの商品は、SDGsのテーマとして取り組みやすいカテゴリーではありますが、反面、マーケティングを慎重におこなわなければまったく売れない商品をリリースしてしまう可能性があることは、事前に理解しておく必要があります。

事例25

高齢者が転倒しにくいケアシューズ

あゆみ ＞ https://www.tokutake.co.jp/

開発期間2年、約500人にモニター体験をしてもらい制作した徳武産業株式会社のケアシューズ「あゆみ」。つま先の適度な反り返りが躓きを防止し、かかとループやマジックテープで脱ぎ履きもラクにできることから、施設や病院だけでなく、自宅や外出用のシューズとしてシニア層に支持されています。

一人暮らしの高齢者でも湿布が貼れる

しっぷ貼りひとりでペッタンコ > https://asahi-electro-chemical.com/

一人暮らしの高齢者でも、かんたんに背中に湿布が貼れる「しっぷ貼りひとりでペッタンコ」。身体が硬くなり、背中に手が届きにくくなった高齢者にとって、まさに"かゆいところに手が届く"待望の商品と言えます。発売元の旭電機化成株式会社では、高齢者が外出時の物忘れ防止のための「おでかけチェッカー」や、聞きづらい音や遠くの音を拡大する「2倍に聞こえる集音機」など、さまざまなシニア向けの商品を開発しています。アイデア1つで高齢者の生活を豊かにすることは、フットワークの軽い小さな会社だからこそできるビジネスと言えます。

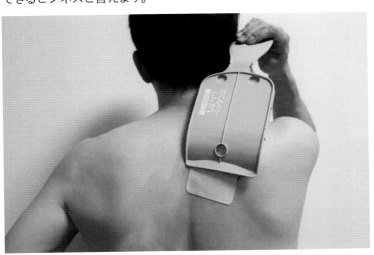

16 | 多言語化

> SDGs取り組みやすさ度 ★★★★★

説明文や解説文をイラスト化することで多くの外国人の生活の補助になる。

＞「QRコード」と「イラスト」で外国人の不便をなくす

「多言語化」とは、日本で働く外国人や、日本を旅行する外国人に対して、商品やサービスをわかりやすく伝えることを言います。

たとえば、ブラジルの人が多く住んでいる町であれば、ゴミの分別をブラジル語に翻訳してあげたり、中国人の団体客が多く訪れる飲食店であればメニューを中国語で紹介したり、言葉の壁によって外国人が生活や旅行で困らないようにしてあげるサービスが、これからの国際社会には求められます。

SDGsにおける多言語化は、「ゴール8・働きがいも経済成長も」「ゴール10・人や国の不平等をなくそう」「ゴール11・住み続けられるまちづくりを」に当てはまり、訪日客や日本で働く外国人が増える日本において、早々に取り組むべきテーマと言えます。

一方、案内看板やパンフレット、解説書のスペースには限界があるため、すべての国の言葉を翻訳して伝えることは不可能です。なじみのない国の言葉の場合、翻訳してくれる人を探すことも難しく、言葉の壁をクリアするサービスの提供は、思いのほか高いハードルと言えます。

そこで注目されるのが、「QRコード」と「イラスト」の活用です。商品パッケージなどにQRコードを設置し、そこから母国語の案内を見てもらうようにすれば、スペースの制限なく、多言語で情報を伝えることが可能になります。

また、イラストによって商品の使い方を説明したり、お店のルールをわかりやすく解説したり、言葉以外の多言語化によって、外国人にサービス内容を伝えるお店も増えています。

訪日客向けのサービスが英語のみの表記で伝わる理由

　訪日客向けの売場を作る際、POP の説明書きやキャッチコピーは、英語だけでこと足りてしまうことが多いです。日本を旅行する訪日客であれば、かんたんな英単語を理解しているケースが多く、日本のPOPのように長文で商品を説明する文化そのものが諸外国にはないため、キャッチコピーを多言語で表現しても、売上が急激に伸びるものではありません。難しい外国の言葉を日本語に翻訳して説明するよりも、1枚のイラストで説明したほうが外国人には伝わりやすいところがあります。

　日本で仕事をしたり、生活をしたりする外国人に向けて、行政のサービスが多言語で丁寧にフォローされているかと言えば、まだまだ不十分なところがあります。国際化が進む日本において、言語でストレスを抱える外国人が増えれば、円安によるビジネスチャンスを逃すことにもつながります。

　一方、多言語化の商品やサービスには大きなビジネスチャンスが潜んでいる可能性が高いと言えます。SDGsを意識した消費者が増えることによって、外国の人とのコミュニケーションの取り方も大きく変わり、サービスや商品の伝え方にもさまざまな工夫が凝らされていくと思われます。

多言語の音声にアクセスできる
ユニバーサルデザインのパッケージ

セデスRシリーズ > https://www.shionogi-hc.co.jp/sedes/package.html

頭痛、発熱に効くシオノギヘルスケア株式会社の「セデス」シリーズは、2020年4月にユニバーサルデザインパッケージにリニューアル[1]。前開きの仕様や症状を表したピクトグラムを導入したほか、7言語[2]による製品情報を翻訳して表示・音声案内を提供可能な「アクセシブルコード（Accessible Code）[3]」を世界ではじめて医薬品パッケージに採用し、視覚障がい者や日本語の説明が読めない方に、薬の情報や開封方法が視覚的・触覚的・聴覚的に伝わるようにしました。

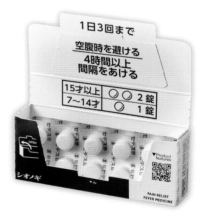

※1　2022年9月時点でセデスシリーズでは「新セデス錠」「セデス・ハイ」「セデス・ハイG」「セデス・ハイ　プロテクト」の4製品に採用。
※2　2022年9月時点。
※3　使用言語の違いや視覚障害の有無に関わらず、利用者が多言語の音声で情報を取得できるように仕様設計されたユニバーサル対応の2次元バーコード。エクスポート・ジャパン社が開発。

外国人向けのイラストメニュー

よねやまゆうこさん > https://studiopuanpowan.com/

イラストレーターのよねやまゆうこさんは、鰻のひつまぶしの食べ方をイラストで描かれています。日本語を英語に翻訳して文字だけで伝えるよりも、かわいらしいイラストで解説したほうが、より理解が深まります。また、日本の漫画や絵の文化を肌で感じることができる一面もあり、楽しい旅行の思い出づくりの一助にもなります。訪日客向けのサービスだけではなく、自治体や企業のサービスの案内もイラスト化することで、外国人に寄り添ったサービスを提供できるようになります。

17 障がい者支援型商品

> SDGs取り組みやすさ度 ＞ ★ ★ ★ ★ ☆

業務内容を見直せば、障がい者就労支援事業所に委託できる仕事があるかも。

› 雇用したくても雇用できない中小企業の事情

多くの中小企業は、障がい者を雇用することが難しい環境にあります。小さな会社は少人数で専門性の高い仕事をおこなっているケースが多く、1人で業務が完結してしまうため、障がい者に分配できる仕事が多くありません。また、小さい会社は1人で複数の仕事をしているケースが多いため、障がい者にとって業務のハードルそのものが上がってしまうことも、雇用を難しくしている要因の1つと言えます。

それでも企業が障がい者を雇用することは、経済的な支援だけではなく、やりがいや働く自信を持ってもらうことにつながります。また、CSR（企業の社会的責任）を重視している企業であることを内外に示すことにもなります。SDGsが注目される昨今では、障がい者とともに働く環境を整えることが、中小企業でも急務になっています。

› 依頼する仕事を「探す」のではなく「作る」

障がい者の直接雇用が難しい企業は、「障がい者就労継続支援事業所」の活用をおすすめします。障がい者就労支援事業所には、一定の支援がある職場で働く「A型」と、雇用契約を結ばずに軽作業などをおこなう「B型」の2種類があります。近隣の就労継続支援事業所に相談すれば、どのような仕事がお願いできるのか、いろいろ相談に乗ってくれます。

	就労継続支援Ａ型	就労継続支援Ｂ型
雇用契約	あり	なし
賃金	給料が支払われる	工賃が支払われる
対象者	・原則、18〜65歳未満 ・「就労移行支援事業」を利用したものの、雇用に結びつかなかった方 ・特別支援学校を卒業したが雇用に結びつかなかった方 ・過去に企業での就労経験があり、現在雇用されていない方	・過去に就労経験があり、年齢や体力から一般企業に就職することが難しい方 ・50歳以上の方、または障がい基礎年金1級を受給している方 ・就労移行支援事業者などによって就労面に課題があると評価された方
利用期間	定めなし	定めなし
おもな仕事内容	アンケートの集計／原稿入力や各種データの作成など、パソコンを使った仕事／書類整理や伝票管理などの事務作業／ホテルやビルの清掃業務／在庫管理、発注作業、検品などの商品管理／配達、宅配の補助業務／カフェやレストランなどでの接客・販売業務／パンやおかし、アクセサリー、雑貨などのものづくり	袋詰めや値付け／ボールペンなどの組み立て／ミシン作業や工作など手工芸／パンやお菓子の製造／作った商品の販売・提供／調理補助／パソコンの入力作業／クリーニング／農作業

　仮に障がい者に任せられるような業務がなかったとしても、仕事の内容をシンプルにしたり、工程を単純化したりすることで、就労継続支援事業所にお願いできる業務を作ることができます。

　今ある自分たちの仕事を、自分たちしかできないような仕事で終わらせるのではなく、障がい者の人でも働きやすいように工夫してあげることが、企業としてのSDGsの取り組みにつながります。また、軽作業の一部を障がい者施設に依頼することで、人手不足の解消や業務の効率化、経費削減にも直結する経営改革になります。

事例29

就労継続支援事業所との共同開発商品

諸木農園 > https://morokinouen.shop/

障がい者就労継続支援B型事業所「ひふみよベースファーム大崎」が作った桑の葉のお茶「桑美茶」。障がい福祉施設で働く人々のマンパワーの力を借りて、高齢化がすすむ農業を手助けするスタイルが、新しい農業の再生活動として注目されています。新しい1次産業のビジネスモデルのありかたとして、今後、参考にすべき点が多々ありそうです。

シニア活用の難しさ

> ## 「生活費を稼ぎたいシニア」と「暇だから働くシニア」

少子高齢化が進む日本社会において、シニア世代（65歳～75歳）の人材活用は避けては通ることのできない採用のテーマと言えます。SDGsの面でも「ゴール1・貧困をなくそう」や「ゴール8・働きがいも経済成長も」にも当てはまり、持続可能な社会を実現するために、シニア世代に働いてもらう環境を整えることが企業に求められます。

シニア世代を活用するメリットは多数あります。仕事に意欲的な人材が多く、時間的な融通が効くため、人手不足の業界では貴重な戦力になります。社会経験が豊富なことから、若い人材への指導やアドバイスをすることができて、シニア世代の雇用による助成金なども活用できるため、人件費の抑制にもつながります。

一方、シニアの雇用にはデメリットがあることも理解しておく必要があります。体力や健康面で不安があるほか、同世代、年下世代との人間関係に問題を抱えることも少なくありません。大企業に勤めていたシニアはプライドも高く、有能な人材だと思って採用したものの、社内の対人関係でうまくいかなくなるケースも多く見受けられます。

シニアが働く理由にも個人差があります。生活費を稼ぎたい人、会社を辞めて社会的な孤立を感じて働く人、社会貢献をしたくてボランティア的な仕事をする人など、若い世代と比べて働く動機が多種多様な点も、シニアの雇用の管理の難しい点と言えます。

働く動機と職場の環境が少しでもズレてしまうと、やる気をなくしたり、転職したりしてしまうため、シニアの労働者が職場に何を求めているのか、雇い主側はしっかりと把握しなければいけません。

> ## シニアの活躍が人手不足の業界を救う

シニア世代の雇用のコツは3つあります。

1つめは「参加型」。周囲と協力して仕事をする環境を整えることです。

会社のプロジェクトに積極的に参加してもらい、事業に関わってもらうことで、やる気を引き出します。

　2つめは「自信回復型」。自分の経験や考えを次の世代に伝えて、自分の存在が会社や社会に貢献していることに自信を持ってもらいます。

　3つめは「周囲からの期待型」。仕事の結果を期待したり、職場で賞賛をしたりして、シニアを会社全体で必要としているスタンスをわかりやすく伝えることです。

　シニアと密なコミュニケーションを取ることで、より活躍の場が増えて社内が活性化していきます。そのような雇用環境が整えば、人手不足や高齢者の貧困化などにも歯止めがかかり、より住みやすい社会になっていくと思います。

第 **3** 章

売上を伸ばして、
なおかつ
お客も喜ぶ
「ＳＤＧｓな売り方」

18 ｜ マイボトル販売

> **SDGs取り組みやすさ度** ＞ ★★★★☆
> マイボトルやエコバッグはノベルティグッズとして配布可能。記念品グッズも作りやすい。

＞ マイボトルを持ち歩く意味を考える

「マイボトル」や「マイ箸」などを携帯することは、ゴミを削減するSDGsの取り組みとして、わかりやすい活動の1つです。減らせるゴミの量はわずかしかありませんが、日々の生活の中でエコ意識を持つことは、SDGsを真剣に考える機会につながります。

これらのアイテムは、企業のノベルティグッズとして使用されるほか、SDGsの意識が高い若い世代には、ギフト品やお土産品としても人気があります。

自分専用の容器などを持ち歩く「マイ○○」は、下記のような商品が挙げられます。

容器など	種類や使用方法
マイボトル	水筒型とタンブラー型の2種類あり。携帯性とデザイン性に優れた商品が人気。マイボトル持参で割引サービスを提供するカフェも増えている
マイストロー	シリコン製、竹製、ガラス製などさまざま。口当たりの良さや持ち運びやすさが重視される。冷たい飲み物がよりひんやり感じられるステンレス製のストローが売れている
マイカップ	ニューヨークのブランドの折り畳み式カップ「ストージョ」が人気。持参することで割引サービスが受けられるカフェも登場。ただし、容量不足、感染予防の理由で使用を断られるケースもある
マイ箸	硬さ、長さ、デザインで好みが分かれやすい。名入れのギフト品やお土産品としても人気
マイ食器	アウトドアシーンで、あえて紙皿を使わずマイ食器を持参する人も。竹を粉末にした自然素材を使った食器もある
マイカトラリー	ステンレス製、チタン製などがある。カバンに入れるため、かわいらしい巾着やシリコン製のポーチなど、入れ物のデザイン性も問われる

SDGs関連のアイテムを取り扱う際は、商品が完成するまでの開発ストーリーや、取り扱うまでのプロセスなどを、SNSや動画で消費者に伝える必要があります。主張やこだわり、思想に関わる商品なので、ただ単に商品を取り扱うだけで終わらせるのではなく、購入している人や使っている人が第三者に語れるコンテンツを用意することが、利用者の心をつかむポイントになります。

一方、商品に会社名やロゴマークが入ってしまうと、使いづらくなる商品でもあるため、ノベルティグッズなどで使用する際は、デザイン性には気を配る必要があります。

事例30

ストロー × マドラー ＝「ストラー」

ホリエ > https://www.horie.co.jp/japanese.htm

チタンを素材とした商品を製造する株式会社ホリエでは、チタン製のストローでありながら、マドラーでもある「ストラー」が人気です。軽くて丈夫なうえに、キッチン用の漂白剤でも洗えるため、普段使いができるのが特徴です。6本入りのセットは桐箱に入れてギフト品としても販売されており、ユニークなSDGsの贈り物としても注目されています。

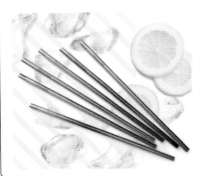

日本初の給水アプリ

mymizu（マイミズ）> https://www.mymizu.co/

マイボトルを持参すれば、無料で給水できるスポットをアプリでつなぐ「mymizu」（マイミズ）。日本国内のカフェやレストラン、コワーキングスペース、ホテルなど給水パートナー数は2022年11月現在で2100店舗を超え、世界のmymizuユーザーは20万人に達しています。今後、消費者のSDGsの意識が高まれば、食器やボトルを持参することで割引サービスが受けられるお店が増えていくことが予想されます。

19 予約販売

> **SDGs取り組みやすさ度** ＞ ★ ★ ☆ ☆ ☆
>
> すぐに実践できるが、販売力のある企業や店舗でなければ売上減につながることも。

＞ 売れ残りは企業のイメージダウンになる

　予約販売をすると売れる数が確定するため、無駄に商品を作る必要がなくなります。売れ残って破棄するコストも削減されて、SDGsの「ゴール12・つくる責任 つかう責任」を実行できることから、商品の販売を予約制に切り替える企業が増加傾向にあります。

　たとえば、恵方巻や鰻などの季節商品は、販売数が読みにくいため、想定しているよりも多く商品を作り置きします。しかし在庫を積み上げる売り方は破棄処分も多いことから、企業のイメージダウンにつながる恐れもあり、近年ではこれらの商品を予約制に切り替えるスーパーやコンビニが増えています。

　また、アパレル品に関しても、サイズ違いや色違いで売れ残った商品や、型遅れで売れなくなった商品が多く破棄されるため、予約制を取り入れて処分する服を最小限にする企業も業界で注目されています。

　一方、予約制は、「欲しい時に買う」という衝動買いが引き起こせないため、売上を落としてしまうリスクがあります。たとえば、今までは店頭に並んでいる恵方巻を見て、「今日は節分ね」と、衝動的に商品を購入していたお客も、予約制になったことで、恵方巻の存在に気づかないまま、買わずに節分の日を過ごしてしまうケースが増えることになります。

　予約制を取り入れることは、SDGsの取り組みとして素晴らしいことではあります。しかし、その取り組みによって販売機会を失うようでは、ビジネスとして本末転倒になってしまいます。

＞ 予約販売で売上を伸ばす方法

　予約販売を成功させるためには、事前にどれだけ多くの予約が取れるかが戦

略として重要です。店頭に「予約販売しています」とPOPを貼り出すだけでは、お客は「予約が面倒だ」「いつか予約をすればいい」と油断してしまい、なかなか予約しようとしてくれません。

　予約を増やす効果的な方法は、早期予約の特典をつけることです。割引やオマケ、イベントへの参加券をつけるなど、早めの予約による特典を設けることで、お客の買いやすい環境を整える必要があります。

　また、予約販売は期間が短くなればなるほど集客が難しくなるため、余裕を持ったスケジュールで販売計画を立てなくてはいけません。商材やサービスにもよりますが、最低でも予約申込期間は1ヶ月ぐらいのゆとりは欲しいところです。

　予約の段階からお客に「期待させる」という演出も必要です。開発ストーリーや商品のこだわりなどを動画で解説し、クラウドファンディングを使って、先行して話題づくりに力を入れてみるのもいいでしょう。

　また、商品をインフルエンサーなどに先行して宣伝してもらい、発売前に意図的に情報を流してもらい、予約数を増やしていくやり方も効果的です。

　予約数を増やすためのネット広告を展開してみるのもいいと思います。過剰在庫の破棄処分代を広告費に換算すれば、逆に費用対効果がいいケースもあります。予約販売を増やすための広告投資は一考する価値はあります。

＞ 予約販売で失敗する企業の特徴

　会員制を導入している企業の予約販売は、成功するケースが多いです。商品を購入してくれるファン客を囲い込んでいるため、すぐに予約が確定し、一定数の売上を確保することができます。

　お客を囲い込めば定期的に情報を発信することが可能になり、リピートして商品を購入してもらうこともできます。予約販売を展開するのであれば、会員制度をはじめ、メルマガやSNSによるお客の囲い込みをする必要があります。

　極論を言えば、「予約販売＝ファンづくり」であり、顧客の囲い込みの戦略あってこその予約販売と言えます。ファン客であれば、予約販売はプレミアム感があって逆に喜んでくれますし、長い時間待ってでも、その商品を買いたいという消費行動を取ってくれます。一方、ファン客でなければ、わざわざ予約はしないですし、「すぐに欲しい」という物欲のほうが勝るため、予約販売の数が伸びにくくなります。

　予約販売もしながら、なおかつ当日販売もするハイブリッド型の売り方も、1つ

の売り方として考えておく必要はあります。すべての商品を予約販売に切り替えるのはリスクが大きいため、まずは一部の商品に限定して予約販売をおこない、その売れ行きを見ながら、残りの商品を当日販売に切り替えるというのも一手です。

事例32

SNSでちらし寿司が完売

すしバルうますし > https://www.umasushi.net/

高知市にある「すしバルうますし」は、日頃からSNSでファン客と密な関係性を築いているため、年末年始に販売する「うますしの新春海鮮バラちらし」は予約販売だけで限定100個がすべて完売します。予約販売の成功には、SNSやメルマガなどの情報発信ツールが必要不可欠と言えます。

必要な分だけ購入し、長く大切に着てもらう

EQUALAND -TRUST AND INTIMATE（イコーランド-トラスト アンド インティメイト）
> https://equaland-trust.com/

「日本古来の素材、生産者を大切に」をコンセプトに、環境に配慮した天然素材を用いたファッションを提唱するEQUALAND -TRUST AND INTIMATE（イコーランド-トラスト アンド インティメイト）。2021年より本格的に受注生産を開始し、在庫破棄をしない売り方に積極的に取り組んでいます。商品のデザイン性や価格だけではなく、売り手側のSDGsに取り組む姿勢や考え方に共感する消費者は、今後増えていくことが予想されます。

20 オーダーメイド

SDGs取り組みやすさ度 ＞ ★★★☆☆

モノ作りの技術力が必要。高いコミュニケーション能力が求められる。起業や副業としておすすめ。

＞ 無駄なゴミを出さないオーダーメイド商品

希望のデザインやサイズで商品をオリジナルで制作してくれる「オーダーメイド品」は、在庫の破棄処分もなく、資源のロスを最小限に抑えることができるため、SDGsに適した販売方法の1つと言えます。

また、世界でたった1つのオンリーワン商品を作ってくれることから消費者の愛着も湧き、長く使用してもらうことでゴミのロスにもつながります。

オーダーメイド品として人気があるのは、スーツやドレスなどのアパレル品をはじめ、財布やバッグ、アクセサリーなどの雑貨類です。家具やソファ、寝具などのオーダーメイド品も注目を集めています。自分の肌にあった化粧品やヘアケア商品、使いやすいキッチン用品など、自分だけのオンリーワンの商品の市場は、年々拡大傾向にあります。

＞ 少ない資本で始められるスモールビジネス

売り手側にとっても、オーダーメイド品を取り扱うメリットは大きいです。普及品よりも客単価が上げられるうえ、他社との差別化にもなるので、お店の個性を出しやすくなるメリットがあります。

また、オーダーメイド品を作るうえで、お客と深いコミュニケーションが取れるため、ファン客を囲い込みやすくなります。お客との距離が縮まれば、名入れギフトやプレゼントとしても利用してもらえるため、リピート客を育成しやすい点も、オーダーメイド品を取り扱うビジネスの大きな魅力と言えます。

スモールビジネスとして運営できることから、投資コストを抑えた新規事業、副業にも適しています。SDGs関連のビジネスの中でも、比較的、小さな会社でも取り組みやすい商売と言えます。

一方、オーダーメイド品は完成まで時間がかかるため、商品がすぐ手に入らないというデメリットがあります。サイズ違いやデザイン違いが発生してしまうと返品が難しくなり、お客の期待が大きかった分、大きなトラブルにも発展しやすいところがあります。

好みが絞られるため、ターゲットが広がりにくく、手間と時間がかかるので人件費が高騰しやすくなることも、この手の商売の難しさでもあります。

売上を伸ばすことよりも客単価を上げることに集中し、「こだわりの店主が、厳選したお客だけに商品を売る」という"頑固おやじ"のスタンスを守ることが、オーダーメイドビジネスを成功させるためのポイントと言えます。

事例34

特別なバームクーヘンを特別な人に贈る

メルヘン日進堂 > https://www.meruhen-nissindo.com/

メルヘン日進堂では、お客の要望に沿ったオリジナルのバームクーヘンを作るサービスをおこなっています。ジェンガやダルマの形をしたものや、バスケットボールの形をしたものなど、ユニークなバームクーヘンが口コミで広まり、贈り物やイベントで利用したいという注文を多く受けています。オーダーメイドの商品は、アパレル品や雑貨品よりも、食品や飲食店のほうが取り組みやすい一面があります。

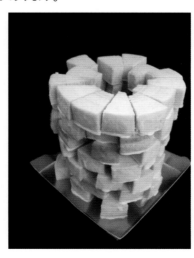

21 | サブスク・定額制

> **SDGs取り組みやすさ度** ＞ ★ ☆ ☆ ☆ ☆
>
> ネットビジネスの経験がなければ運営は難しい。先行投資がかかるビジネスモデルのため資本力が必要。

＞ モノを持つことがカッコ悪い時代

　定額料金を支払うと、商品やサービスが使い放題になる「サブスク」（サブスクリプション）が人気です。類似の言葉で「無制限」「月額制」という表現を使うケースもありますが、わかりやすく「定額制サービス」「使い放題」という言葉でサービスを提供している企業もあります。

　無駄なモノを持つことの煩わしさと、使い放題になる解放感から、"所有しない"という生き方が、若い世代に支持されているようです。

　クルマや家具などのインテリアをはじめ、服やアクセサリー、雑貨などもレンタルやリース、定額制が人気を集めています。また、指定された宿泊施設や美容室、飲食店などが使い放題になるサブスクサービスもあり、定額制のサービスによって、お客の囲い込みに力を入れる企業が増えています。

　同じ商品を複数の人で共有することは、資源の有効活用とゴミの削減につながります。定額制サービスの利用によって無駄な買い物を減らし、サブスクによって自分が予想もしていなかった商品に出会うことは、売れ残った商品の有効活用にもなります。

　消費は「買う」から「借りる」という新しいスタイルにシフトし、その時代の流れに合わせて、私たちも売り方を変化させていく必要があります。

＞ サブスク事業に失敗する企業の特徴

　サブスクや定額制のビジネスの成功は、顧客の獲得にすべてがかかっています。利用者を増やさなければ、利益が出にくいビジネスモデルのため、ネット広告などを使って見込み客を増やす戦略が必要不可欠になります。

　裏を返せば、ネット広告の知識やスキルがなければ、思うようにサブスク会員

を増やすことができないことが、このビジネスモデルの難点でもあります。実際、ネット広告のスキルが乏しいために、とん挫してしまったサブスクサービスは過去に多くありました。

　商品を買ってもらうのではなく「借りる」という仕組みがゆえに、顧客管理と商品管理が複雑に絡み合ってしまうのも、このビジネスモデルの難しさの1つです。システムでしっかり情報を管理しなければ、商品とお客のサイクルがごちゃごちゃになりやすいため、高度な顧客管理システムを運用する優秀なシステムエンジニアがいなければ成立しないビジネスと言えます。

　流行りのサブスク、定額制のビジネスは、広告運用と顧客管理の両面で、ネットの知識や経験に長けた企業でなければ黒字化が難しいことは、理解しておく必要があります。

事例35

未利用魚のサブスクサービスで漁師を支援

フィシュル > https://fishlle.com/

市場に出回らない魚や、加工しにくい魚などの未利用魚を、その日のうちに加工して届けるフィシュル。食べやすいサイズに魚をカットして、味付けしたうえで冷凍して送る利便性の高さから、着実に利用者を増やしています。未利用魚の活用は漁師の収益の向上にもつながり、サブスクを利用することで、魚種を問わず魚を売ることが可能になります。市場に出回らないB級品とサブスクは相性がよく、野菜や花、雑貨などの商品にも応用することができそうです。

事例36

高級な知育玩具が使い放題

キッズ・ラボラトリー ＞ https://kids-laboratory.co.jp/

高級な知育玩具のサブスクを展開するキッズ・ラボラトリー。子どもの成長にあわせて玩具を使い回せるため、出費を抑えたい主婦に人気のサービスです。保証がついているので日常的なキズや汚れを気にすることなく、安心して使うことができます。また、「借りている玩具」ということを小さい頃から子どもに教えることができるので、モノを大切に使う意識も自然に身につくようになります。成長が早い子ども関連の商品は、短期間で使わなくなるものが多く、レンタルやサブスクに適していると言えます。外国製のベビーカーや、高級ブランドの抱っこ紐などは、サブスクサービスの開拓の余地がありそうです。

22 節電節水

> SDGs取り組みやすさ度 ＞ ★ ★ ★ ☆ ☆

電気のまめな消灯やエアコンの温度設定をSNSでアピール。節電、節水の商品や
サービスは少ないのでチャンスあり。

＞ 節電シール1枚で電気代は節約できる

物価の高騰で節約志向が高まると、節電や節水のサービスに注目が集まります。SDGsの「ゴール6・安全な水とトイレを世界中に」や「ゴール7・エネルギーをみんなに そしてクリーンに」にも当てはまることから、消費者が関心を寄せるテーマと言えます。

電気代の節約に関しては、リフォーム会社や電器店にビジネスチャンスがあります。古い家電の買い替えやオール電化のリフォーム、ソーラーパネルの設置など、SDGsの取り組みをアピールしながらセールスをかけていくのも一手です。

内窓を設置して断熱効果を高めたり、玄関の隙間風を遮断して室内温度を確保したりすることも、地味なリフォームですが、有効な節電対策になります。

インテリア関連の商品も、工夫次第でSDGsに適した節電商品になります。フローリングの上に敷く厚みのあるカーペットや、遮熱断熱効果のあるカーテンなど、デザインやカラーを豊富にそろえることで、買い替え需要を促進することができます。

「電気をこまめに消しましょう」と描かれた節電シールなどは、ノベルティグッズとして活用することが可能です。いろいろなサイズやデザインのものを用意することで利用される機会が増え、店舗名やロゴを印刷して、刷り込み効果を高めることもできます。

＞ 節水サービスの提案で経費削減

ハウスクリーニングの事業者は、夏前にエアコンの清掃を提案してみるといいでしょう。また、パソコンの設置や設定をするOA機器を取り扱う企業も、節電をテーマに営業を持ちかけると、商談に乗ってくれる可能性があります。

　節電のサービスは個人よりも法人のほうが売り込みやすく、メールやDMよりも、飛び込み営業やテレアポのほうが、提案を受け入れてくれるケースが多いです。多少、面倒だとしても、アナログな営業が案件を取りやすい傾向にあります。

　節水サービスに関しては、排水量が調整できる節水機器などを、工場やプラントに提案する営業活動を展開してみるといいと思います。業務効率化や補助金のコンサルタントが、節水や節電をセットにして提案すると、より話がまとまりやすくなります。

事例37

エアコンの掃除は身体や環境にいい洗剤で

エシカルノーマル ＞ https://ethical-normal.com/

環境を意識した洗剤を使ったハウスクリーニング「エシカルノーマル」は、自然や身体に優しい洗剤を使って、お風呂場やエアコンなどの清掃サービスをおこなっています。水圧や熱を利用して最小限の洗剤で汚れを落とし、定期清掃をすることで、エシカルな清掃を徹底しておこなっています。また、現場への移動は電気自動車、道具やユニフォームはすべてリユース＆サステナブルなど、"全方位エシカルなハウスクリーニングチェーン"として活動しています。

23 規格外野菜

> **SDGs取り組みやすさ度** ★★★★★
> 規格外野菜を原材料として購入したり、販売の協力などをしたり支援方法は幅広い。

〉 形が悪くて小さな野菜も味は同じ

　大きさや色、形が市場で定められた規格から外れてしまった野菜のことを「規格外野菜」と言います。傷があったり、曲がっていたりする野菜は流通されにくく、生産される野菜の約20%が規格外の野菜とも言われています。

　規格外野菜を有効活用することは、SDGsの「ゴール12・つくる責任 つかう責任」に該当し、ゴミの削減や農家の収入源の確保などにもつながります。また、野菜の見た目やサイズを維持することにこだわらなくなれば、農薬や化学肥料の使用も最小限にすることができるため、SDGsの「ゴール3・すべての人に健康と福祉を」のテーマにも関わる活動になります。

　規格外野菜は、直売所や道の駅で販売されるほか、農家が直接ネットで販売するケースも増えています。加工してドレッシングやスナック菓子にしたり、フードバンクに寄付したり、形や色の悪い野菜を上手に利用する手段は増加傾向にあります。

　SDGsに理解を示す飲食店の中には、積極的に規格外野菜を仕入れるところもあり、そのようなお店の姿勢に共感を持つ人が、ファン客として定着するケースも多く見受けられます。

〉 "もったいない"をビジネスにする方法

　"規格外"というキーワードは、野菜以外にも活用することができます。フルーツや肉、花なども、市場に流通できないものを商品化すれば、生産者の収入アップにつながります。また、製造段階で割れたり欠けたりした食品やお菓子などを、破棄せずにアウトレット品として流通させることも、資源を有効活用する取り組みの1つと言えます。

家具やアクセサリー、服などの規格外商品も、一部の優良顧客に対して限定してシークレット販売するのも一手です。一般客に販売しなければ、ブランド価値を下げることなく、ファン客の囲い込みのイベントとして成立させることができます。

　SDGsの根底には「もったいない」の精神があり、この「もったいない」をいかにビジネスに結び付けられるかが、私たち商売人の腕の見せどころでもあります。今までゴミとして破棄していたものや、当たり前のように使わなかったものを、「もしかしたら売り物になるかもしれない」と疑問を持つことが、SDGsのビジネスのヒントになるのです。

事例38

規格外野菜だからこそ、通常価格で売る

チバベジ > https://chibavege.jp/

　台風で被災した千葉県の農家を支援するために、傷がついた野菜や果物を取り扱うことからスタートした「チバベジ」。ユニークなのは、規格外野菜でも一般の野菜と同じ価格で販売している点です。規格外だからといって価格を下げて販売してしまうと、農家の永続的な支援にはなりません。チバベジでは規格外野菜をスムージーに加工したり、飲食店に卸したりすることで、色や形が整っていない野菜を一般流通させることに力を入れています。"規格外"を安く売ることはだれにでもできますが、それを一般の商品と同価格で販売するためには、農家と規格外野菜の理解を深めていく情報発信が必要になります。

24 │ 量り売り

> **SDGs取り組みやすさ度** ★ ★ ☆ ☆ ☆
>
> 量り売りできる商品が限られる。売場の設計やオペレーションが複雑になることも。

> 食料品だけでなく、洗剤やボディソープの量り売りも登場

　必要なモノを必要な分量だけ販売する「量り売り」。資源を有効に使い、容器などのゴミも減らすサステナブルな売り方として、小売店などで導入事例が増えています。特に食料品の量り売りに関しては、消費者のSDGsの意識の高まりに加えて、高齢者や一人暮らしの世帯が増えて、1人分の食品を買い求める人が増加していることも、市場が拡大している要因と言えます。

　量り売りされる食品は惣菜だけではなく、オートミールやドライフルーツ、調味料など多岐にわたります。それらの食材をエコ容器やマイ容器に詰めて、テイクアウトすることが新たな消費トレンドになっています。

　洗剤やボディソープなどの量り売りを始める店舗も増えており、SDGsを意識する若い女性や家族連れの消費者に支持されています。最近では古着やアクセサリーを量り売りするお店も登場しており、今後は“量り売り”という売り方そのものが、新しい買い物の形として浸透していくことが予想されます。

　これらの量り売りのお店は、SNSで定期的に情報を発信し、ファン客を獲得することに力を入れています。環境に優しい消費は、自分自身のライフスタイルの表現の一部でもあります。「スマートに生活をする」という売り手側の提案に共感してもらうことで、お客に気持ちよく商品を買ってもらえる環境を整える必要があります。

> 量り売りが「貧乏くさい売り方」になってしまう理由

　量り売りのような節約でエコな消費は、表現の方法をまちがえてしまうと、貧しくて質素な買い物だと思われてしまうところがあります。そのような誤解を与えないためにも、エシカルな消費は考え方や取り組みをしっかりお客に伝えて、オシャレ

でポジティブなメッセージを発信していくことが求められます。

　お皿に食材を乗せて、トングを使ってプラスチックの容器に詰めるだけでは、スーパーのお総菜売り場と同じになってしまいます。量り売りという販売方法にエンタメ要素を取り入れて、サステナブルな思いを込めて、「こういう買い物って、カッコいいよね」と、多くの人に共感してもらえるようなブランディングを構築していかなければいけません。

事例39

「量り売り」で好みのウイスキーが買える

ひとくちウイスキー ＞ https://hitokutiwhisky.com/

30mlと100mlの小さなボトルでウイスキーが買えるネットショップ「ひとくちウイスキー」では、ウイスキーを小瓶で試し飲みをすることができるので、自分の気に入った味のウイスキーを事前に選んで購入することができます。このような量り売りは、ファン層の拡大とリピート客の確保にもつながるため、さまざまな商材で応用することができそうです。

あんこの量り売りをする老舗製餡所

平野製餡所 > https://twitter.com/hiranoseianjo

つぶ餡やこし餡のほか、マンゴーやフランボワーズなどの餡子を取り扱う平野製餡所。餡子は300gから量り売りをしており、好きな餡子を好きな分だけ選んで購入することができます。自宅で和菓子づくりをする人から、ヨーグルトやチーズと一緒に餡子を食する人まで、利用方法はさまざま。素材を量り売りするエコな売り方は、食材に限らず製造業全般で活用することができます。

25 温室効果ガス対策

SDGs取り組みやすさ度 ▷ ★ ☆ ☆ ☆ ☆

小さな会社や店舗が取り組むにはハードルが高い。参考程度に。

＞ 地球温暖化を止める切り札「カーボンフットプリント」とは

　地球温暖化に影響を与える「温室効果ガス」は、二酸化炭素、メタン、一酸化二窒素、フロンガスなど、さまざまなものが存在しています。

　特に石油や石炭、セメントの生産によって放出される二酸化炭素は、温室効果ガスの約7割を占めており、その気体を吸収するための森林が伐採されていることで、さらに増加の一途をたどっています。

　また、家畜のゲップで発生するメタンは、二酸化炭素の温室効果の25倍以上にもなると言われています。これらの日々の生活によって発生する気体によって、地球温暖化は年々深刻度を増しています。

　温室効果ガスが増えすぎると、太陽熱が宇宙に放出されにくくなり、地球の表面に熱がこもりやすくなります。猛暑や寒波などの異常気象が引き起こされて、ゲリラ豪雨などの人的被害を与える自然災害が発生しやすくなります。SDGsの「ゴール13・気候変動に具体的な対策を」においても、温室効果ガス対策は深刻なテーマとして、早急な解決策を導き出す必要があります。

　そこで注目されているのが、「カーボンフットプリント」と呼ばれる仕組みです。商品の原材料の調達から破棄、リサイクルに至るまでのライフサイクル全体を通じて排出されるCO_2の排出量を算出し、わかりやすく商品に表示することで、温室効果ガスを可視化する手法です。

　環境に優しい商品であることを証明するカーボンフットプリントの表示によって、どの企業が地球温暖化に真剣に取り組んでいるのかが消費者にも明確になります。また、温室効果ガスの排出量が数値化されることで、温暖化防止に向けての具体的な対策が取りやすくなることも、商品を提供する企業側にとっての大きなメリットになります。

カーボンフットプリントを取り入れることで、競合他社との差別化ができるようになり、企業への信頼度やブランディングの向上にもつながります。消費者の囲い込みにもなることから、新しいマーケティングの手法としてもカーボンフットプリントは多くの企業から注目されています。

＞ 二酸化炭素の排出量が少ない商品が検索の上位に？

一方、カーボンフットプリントは、サプライチェーン全体で取り組まなければ実現できないことから、管理と手間にコストがかかるデメリットがあります。

CO_2 の排出量を正しく導き出すことが難しく、基準が曖昧になることも、企業がカーボンフットプリントの導入に二の足を踏んでしまう理由と言えます。社内に脱炭素の施策が確立されていない企業も多く、普及までにはまだ時間がかかる様相です。

それでも、近い将来、ハムやソーセージなどの肉類をはじめ、食料品や雑貨類、アパレル品などにカーボンフットプリントが採用されれば、消費行動が大きく変わる可能性があります。カロリーや食品添加物を気にしながら商品を買う人がいるように、今後は商品に記載されたカーボンフットプリントをチェックしながら商品を購入する人が増えていくかもしれません。

たとえば、Amazonや楽天では、日々、価格競争やポイント合戦が繰り広げられていますが、カーボンフットプリントが普及すれば、二酸化炭素の排出量が少ない商品が検索で上位表示されたり、お客への「おすすめ商品」として表示されたりするかもしれません。

「あなたの購入しようとしている商品よりも、こちらの商品のほうが二酸化炭素の排出量が少ないですよ」

こんな言葉とともに、競合の商品をAIがすすめてくる時代も、そう遠い未来の話ではありません。

事例41

植物由来の商品が動物由来の商品よりも安くなる

The Climate Store（気候ストア）
> https://webershandwick.eu/our-work/felix-the-climate-store/

スウェーデンの大手食品ブランド「Felix（フェリックス）」が新しく手掛けた「The Climate Store（気候ストア）」と名づけられたスーパーでは、売られている食品がカーボンフットプリントに基づいて商品の価格が計算されています。たとえば、遠方で生産して輸送された食品は高い価格で販売され、肉などの動物由来の食品は、植物由来の食品よりも高い値付けで売られています。カーボンフットプリントに必要な計算ソフトが無料公開されるようになれば、商品の購入判断基準が価格や性能ではなく、二酸化炭素の排出量に代わる可能性もあります。

26 | SDGs協会

| SDGs取り組みやすさ度 ＞ ★ ★ ☆ ☆ ☆ |

団体を取りまとめるリーダーシップ企業と、雑用に専念してくれるスタッフが必要。

＞ 団体のほうがマスコミに取り上げられやすいSDGs

　SDGsの取り組みは、複数の企業で集まったほうが、より有効な活動ができます。たとえば、環境保全に適した原材料をまとめて仕入れることができたり、SDGs関連の商品を同時に販売して売り場を盛り上げることができたり、企業同士が協力し合ったほうが販促効果を高めることができます。また、企業が複数社集まることでニュース性を高めることができるため、より多くの人にSDGsの情報を届けることが可能になります。参加する企業が多ければ、予算も人手も集められるので、社会に大きなインパクトを与えて、SDGsの認知度を高めることができるようになります。

　SDGsの団体を立ち上げる際は、どのような目的で、どのような運営をするのか明確にしなくてはいけません。

　団体の「目的」としては、下記の取り組みが考えられます。

・SDGsへの取り組みをネット、SNS、紙媒体で情報発信
・SDGsのセミナー、イベントの定期開催
・SDGsの勉強会の開催、情報共有
・SDGsに関わる商品の開発、共同仕入れ
・SDGsに取り組む企業への視察

　団体を運営するためには予算が必要なため、参加する企業からは会費を徴収しなくてはいけません。会費を支払う見返りとして、SDGsのコンサルティングが割引価格で受けられたり、SDGsの取り組みをブログやSNSで紹介したり、何かしらのメリットを提示しなければ、入会する企業を増やすことが難しくなります。

SDGsの団体だと思ったら、霊感商法の団体だったというケースも

　SDGsの団体が自社の地域内や業界にあれば、積極的に入会されることをおすすめします。SDGsの団体に所属すれば、SDGsの最新情報が入手しやすくなり、経営者や社員の意識を高めることができます。SDGsで困ったことがあれば、すぐに相談に乗ってくれるため、SDGsの取り組みに挫折しにくくなるメリットもあります。

　一方、SDGsや環境に関わる団体には、活動内容が不透明な組織が多いのも事実です。清掃活動と称してじつは霊感商法の団体だったり、犬や猫の里親探しの団体が過激な活動をする動物保護団体だったり、SDGsと見せかけてまったく異なる活動をしているケースも少なくありません。

　最初は高い志を持って始めたSDGsの団体も、具体的にどのような活動をすればいいのかわからず、ほとんどが幽霊会員になっているケースもあります。我の強い経営者たちを束ねて、同じ目標に向かって組織で活動することは難しく、道半ばにして解散してしまう任意の団体は思いのほか多いのです。

　SDGsの団体に入会する際は、ネットの評判や口コミなどを事前に調べたほうがいいでしょう。ホームページを確認するだけではなく、会員になっている企業が、どのようなSDGsの活動をしているのかチェックすると、その団体のSDGsの"本気度"を把握することができると思います。

事例42

福岡のSDGsの輪を広げる啓蒙活動やパートナーシップ活動

一般社団法人 福岡SDGs協会 > https://sdgs.fukuoka.jp/

「誰ひとり取り残さないまち福岡」をキャッチフレーズに掲げる一般社団法人 福岡SDGs協会。おもに小中学校などの教育機関へ、無償のSDGsセミナーや、子ども向けのSDGsイベントを企画運営しています。また、大学生・高校生とともに社会的弱者の支援や清掃などボランティア活動を定期的に実施したり、企業同士のパートナーシップのサポートについても情報発信をおこなったりしています。行政や学生とSDGsを実施したい方は相談してみるといいでしょう。

27 | 売上につながるSDGs

> **SDGs取り組みやすさ度** ★★★★☆
> まずはSDGsに取り組むこと。その後、売上や利益につなげていく方法を考える。

> なぜ、小さな会社はSDGsの活動を持続させることができないのか？

　企業がSDGsに取り組むことはとても重要なことですが、一方で、それらの活動を通じて売上や利益を生み出していかなければ、SDGsそのものを持続することができなくなってしまいます。

　特に小さな会社は、お金と時間と人手に限界があるため、売上につながらないことを持続しておこなうことができません。SDGsへの取り組みは、持続させることではじめて世の中に貢献するものなので、まずは売上や利益に貢献するSDGsの仕組みを作ることが先決となります。

　SDGsの取り組みで売上を伸ばすためには、以下の2つのポイントを強化していく必要があります。

①SDGsに興味がある人を集客する
②SDGsの付加価値をつけて商品を高く売る

　①は、一部の商品だけでSDGsに取り組み、ブランドイメージをアップさせていく手法です。たとえば、商品の原料を自然素材に切り替えたり、トレーサビリティに取り組んだり、サステナブルを意識した商品を新規開発し、それらの活動をSNSやブログなどで情報発信することで、SDGsを意識した新規顧客を集客します。

　②は、企業やブランドそのものをSDGsに寄せていく戦略です。商品の内容やデザインの変更はもちろん、SDGsの世界観だったり、思想だったり、SDGsの企業としての「考え方」をお客と共有することで、「この商品だったら高いお金を払っ

てもいい」と思ってもらう戦略です。

　①と②を比較すると、一部の商品だけをSDGs化する①のほうが取り組みやすいと言えます。爆発的な売上の伸びを見せるような施策ではありませんが、SDGsに興味を持っている人を獲得する戦略にはなるので、情報発信の質と量に比例して、売上を伸ばすことが可能になります。

　SDGsの意識が高い消費者は、価格でモノを比較せず、良いものに高いお金を払ってくれる良質なお客が多いです。SDGsの取り組み内容からお客を集めることは、客単価の底上げにつながり、利益率の向上に直結するところがあります。

　一方、②はブランド全体を見直す大掛かりなリニューアル策になります。おいそれと手が付けられる販促手法ではありません。改善には時間とコストもかかりますし、ブランドイメージが変わることで、既存客が離脱するリスクも抱えます。しかし、ブランド全体でSDGsを意識した質の高い顧客の獲得が見込めることから、大幅な売上増を狙うことができるようになります。

　上記の①と②のSDGsのブランディング戦略には、ともに高いプロデュース能力と大きな投資が必要となります。消費者の心を揺さぶる効果的な商品の"見せ方"と、テレビを含めたマス媒体に向けた情報発信力がなければ、SDGsのブランディングを消費者に浸透させることはできません。

　このような人材面と資金面の高いハードルがあることが、SDGsの成功事例が大企業に偏ってしまう要因であり、小さな会社ではSDGsを通じて売上と利益を確保することが難しくなってしまう理由でもあるのです。

＞ 小さな会社がSDGsで売上を伸ばす3つの方法

　小さな会社が気軽に取り組めて、なおかつ売上に直結させることができるSDGsの取り組みは、大きく分けて3つあります。

　1つは、「小さなSDGsに取り組む」という方法です。ペーパーレスやシニアの雇用、ゴミの分別や節電節水など、すでに実践している環境や人権に関わる行動を、ホームページやブログ、SNSで積極的に公開します。

　どんなに小さなことでも、持続可能な社会に貢献することであれば、それは立派なSDGsの活動と言えます。堂々と胸を張って、活動内容をネットで公開していきましょう。そのような取り組みをアピールすることで、既存客や既存の取引先も「この企業はSDGsに取り組んでいるんだ」と、関心を持って情報を見てくれるよ

うになります。これらの話題づくりが接客やセールストークに生きてくるかもしれないですし、話題の内容によっては、お客がSNSを通じて情報を拡散してくれるかもしれません。

　最近では、メディアもSDGsの情報をニュースで積極的に取り上げたいことから、ネット検索で新しいSDGsの取り組みを探しています。小さなSDGsの活動でも、テレビや新聞で取り上げられて、宣伝効果を高めることにつながる可能性もあります。

　2つめは、「SDGsのストーリー（物語）を作る」という手法です。原材料の一部を自然素材に切り替えたり、商品開発のプロデューサーにシニア世代を活用したり、できる範囲でSDGsに取り組み、その活動をストーリーにすることで、消費者の興味を引くのも一手と言えます。

　たとえば、商品開発に働く女性の意見を取り入れた場合、共働き家族の悩みや不安をリサーチする話や、ヒアリングの様子、開発までの苦労話などを、SNSやブログで定期的に公開することで、お客をストーリーに引き込むことができるようになります。商品の性能や価格よりも、ストーリーそのものにお客は惚れ込んでくれるので、値下げしなくても商品を買ってくれるファン客を囲い込むことができるようになります。

　ストーリーで共感を得やすい商品は、SNSや動画で情報拡散されやすい傾向にあります。インスタライブで商品を販売したり、Twitterで情報を発信したりすると、新規の顧客獲得につながるかもしれません。

　3つめは、「SDGsのイベントを開催する」という戦略です。お客と一緒にゴミ拾いをしたり、SDGsに関するセミナーやイベントを開催することで、お客とコミュニケーションを深めて、優良顧客になってもらう機会を増やすことが可能になります。また、このような地域貢献型のイベントは、プレスリリースを配信するとテレビや新聞で取り上げられやすく、高い宣伝効果が得られるメリットもあります。

　SDGsと聞くと、「売上につながらない」「取り組むハードルが高い」と思われる人が多いと思います。しかし、取り組み方次第では、売上につなげられる施策も多々あります。まずはできることからチャレンジして、少しずつ本格的な活動にシフトしていきながら収益化を目指していくことが、SDGsを事業として展開するポイントと言えます。

丁寧なリサイクル梱包で資源の有効活用をアピール

ハンガリー食品・雑貨輸入販売 コツカマチカ
> https://www.kockamacska.com/

通販の梱包資材の再利用をおこなう「ハンガリー食品・雑貨輸入販売 コツカマチカ」。箱や袋はできるだけ再利用し、メーカー名やロゴが入っている場合はシールやガムテープで隠して使用します。梱包資材のリサイクルに取り組むことで、できるだけ商品価格を抑える活動に取り組んでいることをホームページでアピールしています。お客に対しても企業努力が伝わり、商品やネットショップに対して深い愛着を持ってくれるようになります。中途半端な安い梱包資材を使うよりも、リサイクルの梱包資材を利用したほうが、今の時代はイメージアップにつながります。

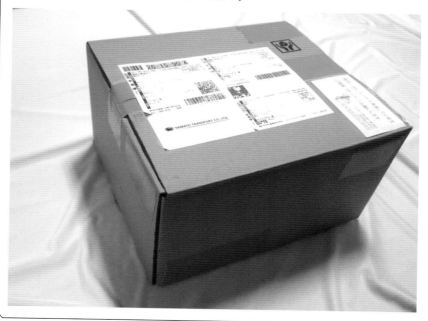

28 有料サービス

> **SDGs取り組みやすさ度** ＞ ★ ★ ★ ★ ☆

無料サービスを有料化して顧客満足度を引き上げる。ただし、有料化で利用客が減る可能性もある。

＞ 有料化はSDGsを考えるきっかけを生む

　2020年7月からレジ袋が有料化されたことで、プラスチックごみに対する消費者の意識が大きく変わりました。レジ袋を使用しないことで、環境がどれだけ改善されたかは賛否両論ありますが、少なくとも「SDGsとは何なのか」を多くの人が考えるきっかけになったことは事実です。

　今まで無料だったものを有料化することによって、ゴミを減らしたり、無駄な資源を使わなくなったりすることは、SDGsの活動に直結するところがあります。たとえば、みずほ銀行では2021年1月から通帳を発行する際、更新時に1100円の手数料がかかるようになりました。ほかにも、クレジットカード会社の明細表の送付が有料になったり、ゴミの処分量が有料化されたり、お金を徴収する仕組みを導入することでゴミや手間を減らす流れは、以前よりも目にする機会が増えました。

＞ 有料化で顧客満足度を上げる

　サービスが有料化になることは、消費者にとって喜ばしいことではありません。しかし、お金を徴収することによってサービスの質が向上したり、職場環境が改善されたり、多くのメリットがあることも、同時に理解する必要があります。無料では継続が難しかったサービスも、有料化によって持続可能なサービスになるのであれば、それがたとえ公共サービスの一部だったとしても、今後は受け入れざるをえないところがあります。

　無料引き取りサービスや無料出張サービスも、有料化にすることで、逆に頼みやすくなるかもしれません。利益が出やすい体質になれば、働く人の環境も変わり、モチベーションも上がります。持続可能な社会を目指すためには、今まで当たり前のように利用していた無料サービスを有料化するのも一手と言えます。

修理・点検の有料化で町の高齢者を救う

でんきのナコータカス > https://naco-takasu.com/

「でんきのナコータカス」では、家電の修理や設置などの料金表をホームページで公開しています。無料サービスにしてしまうと、お客に「申し訳ない」という気持ちが働いてしまい、本当に困ったときに気持ちよく仕事をお願いすることができなくなります。でんきのナコータカスでは、サービスの有料化によって、些細な家電の修理や設置をお願いしたい高齢者からの問い合わせが増えたそうです。サービスを有料化にすることでお客が減ることよりも、提供するサービスの質を上げて、お客の満足度を高めていくほうが、SDGsの時代にあった施策と言えます。

事例45

「有料でゴミを処分する」という新しい選択肢

川越一番街商業協同組合 > https://kawagoe-ichibangai.com/

川越一番街商業協同組合では、JTBの有料ゴミ処理サービス「Go!ME」（ゴーミー）の実証実験を2022年2月10日〜3月10日までおこないました。店舗前に設置した専用ゴミ箱の蓋についたQRコードを観光客が読み取り、53円（ごみ）、100円、500円の利用料を任意で選んでキャッシュレス決済で支払い、ごみを捨てる新しい方法です。期間内に4255円のお金が集まり、その収益は地域の環境美化に充てられるそうです。ほかにも、観光地で有料のごみ袋を配布したり、自然保護エリアであえて入場料を徴収して、そのお金を美化活動に使用したり、お客からごみの処分費用を徴収するサービスは、今後、スタンダードになっていく可能性があります。

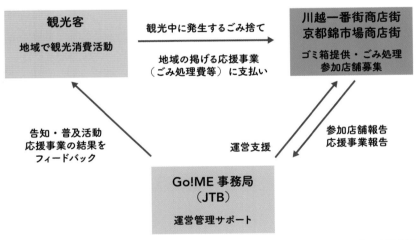

※「観光地のごみ問題を解決する「Go!ME（ゴーミー）」地域共創型ソリューションの実証実験を川越・京都の商店街で実施」をもとに作成
https://www.jtbcorp.jp/jp/newsroom/2022/02/gome.html

サステナブルな商品は本当に高く売れるのか？

⟩ 約7割の人が「環境」よりも「安さ」を選ぶ

　物価高が続く中、付加価値が伝わりやすいサステナブルな商品が注目を集めています。「環境に優しい」というメッセージが伝われば、SDGsに関心を持っている消費者が、高いお金を払って商品を購入してくれるかもしれません。他社の商品とも差別化ができることから、サステナブルな商品を取り扱う企業は年々増えています。

　しかし、現実は甘くないようです。消費者庁がコロナ前の2019年度に実施した調査によると、「消費行動を通じて社会の課題解決に貢献したい」と回答した人が4割近くに達したものの、「環境に優しいお店と価格に安いお店のどちらで買い物をしたいか？」の問いに対しては、7割の人が「価格の安いお店」と回答する結果になりました。SDGsの目標達成の重要性は理解していても、実際にお金を払うとなると、"背に腹は代えられない"というのが現実のようです。

　また、JTB総合研究所が2022年に日本とドイツとスウェーデンの3ヵ国でおこなった調査によると、歯ブラシなどの衛生用品を旅先に「持参する」と回答した人は、ドイツとスウェーデンで6割に達したのに対し、日本は3割の人しか持参しないという結果になりました。レジ袋や包装紙の辞退も、日本で約7割の人が日常の買い物で「辞退する」と回答したものの、旅行先では30％台まで辞退する人が減少してしまうことが判明しました。ほかの2ヵ国では6〜7割の人が旅先でもレジ袋や包装紙を辞退していることを考えると、「旅行先ぐらいはSDGsのことを考えたくない」という日本人が多いことが理解できると思います。

　これらのデータからもわかるとおり、サステナブルな商品にすれば「高い価格で買ってくれる」「率先して買ってくれる」という安直な考えは捨てたほうがよさそうです。SDGsに関係なく、相場よりも高い価格で商品を売るマーケティングは、安く売るよりも時間と手間がかかることは理解しておく必要があります。

＞ サステナブルよりも前に、お客に「好き」になってもらう戦略を

　物価高の中で他社よりも高い価格で商品を買ってもらうためには、「本当に欲しいもの」を売る必要があります。趣味の商材だったり、推しのタレントのグッズだったり、そこのお店でしか買えないプレミアムな1品に消費者は高いお金を払うようになります。

　そのような「本当に欲しいもの」は、お客の共感を得なければ構築することができません。売り手側の考え方だったり、取り組みだったり、企業とお客の価値観が一致したことで、「本当に欲しいもの」であることを理解して、高いお金を出して商品を購入してもらうことができます。

　つまり、サステナブルな商品が高く売れるのではなく、SDGsの取り組みをしている企業や商品を「好き」になってもらうことで、はじめてその商品が高く売れるのです。「環境に優しい商品です」とキャッチコピーをつけるだけではなく、「なぜ、環境に優しい商品を作ったのか?」というストーリーも含めてお客に好きになってもらわなければ、サステナブルな商品だからといって、高く売れるわけではないのです。

　たとえば、SNSを通じてサステナブルな商品を継続的にアピールしたり、地域のゴミ拾いを通じて、スタッフとお客が地道にコミュニケーションを深めていったり、「この企業を応援しよう」「この商品を買うことでSDGsに貢献しよう」という、高いお金を払ってでもこの商品を買いたいと思ってもらえる、価格以外の価値を上げることが、サステナブルな商品を高く買ってもらうためには必要になります。

　売り手側の「SDGsに取り組みたい」という"片思い"だけでは、サステナブルな商品を高く売ることはできません。「一緒にSDGsのことを考えていきましょう」という"両想い"になる戦略がなければ、消費者の固い財布の紐をこじあけることはできないのです。

第 **4** 章

SDGsの
イベントで
お客はまだまだ
増える

29 | 地産地消

SDGs取り組みやすさ度 ★ ★ ★ ★ ☆

農家以外の地産地消にも幅を広げると面白い。直接仕入れることで逆に付加価値が上がることも。

＞ 農家の「近所で売る」は、二酸化炭素の削減につながる

「地産地消」とは、地域内で育てられた農産物などを、地元の人たちで消費する活動のことを言います。新鮮な野菜が手に入り、なおかつ旬な野菜が美味しく食べられることは、消費者にとって大きなメリットと言えます。

　また、生産者の顔が見える食材は、食べる側にとっても大きな安心感があります。地元の農産物を知ることで独自の食文化や調理法を知ることができますし、地域への愛着を深めることは地方都市の活性化にもつながります。SDGsの「ゴール12・つくる責任 つかう責任」をはじめ、さまざまな目標を達成する重要なテーマとして注目されています。

　地産地消は、生産者にも多くのメリットがあります。生産した農産物を地域内で販売することで、輸送コストを最小限に抑えることができます。食べ物を運ぶ距離"フードマイレージ"の削減にもなり、二酸化炭素の排出を抑制することにも直結します。

　直売所では規格外の野菜を売りやすいことから、ゴミの削減にもひと役買ってくれます。また、売場で消費者の声が直接聴けることも、生産者のモチベーションのアップにつながります。

＞ 農家がネットショップで野菜を直売する時代に

　地産地消を実現するためには、生産者側の販売スキルの向上が必要不可欠です。チラシやPOPの作り方をはじめ、ブランディングやマーケティングの戦略、ネットショップの運営知識を求められるシーンが増えてきました。

　一般的に大量生産される農産物に比べて、地産地消の商品は割高感があるため、今後は"売り方"についての勉強会やセミナーなどを地域内で積極的に開催

していく必要があります。

　地産地消の商品を求める人は、「地元を応援したい」という、価格以外で商品を購入してくれる上質客と言えます。一度囲い込みに成功すれば、息長く商品を買い続けてくれる利点があります。朝市やマルシェという形で、地域イベントを盛り上げてくれるコンテンツとしても人気が高く、直売所や道の駅、ホテルのロビーでの出張販売など、観光地の客寄せのイベントとしても活用できる一面があります。生産者だけの利益を生み出すのではなく、地域全体の活性化や雇用を生み出すことも考慮すれば、経済効果の高い取り組みと言えます。

　地産地消は、野菜や果物、お米のほか、肉や乳製品、鮮魚類、木材なども対象になります。地域の複数の企業が協力して盛り上げれば、集客効果の高いイベントとしても注目されます。

事例46

ビジネスホテルの地産地消のギフトボックス

セブンデイズホテル ＞ https://www.7dayshotel.com/

高知市にあるセブンデイズホテルでは、無農薬野菜やこだわりの雑貨など、地産地消の商品を箱に入れた「ラティコ」という詰め合わせギフトをネットで販売しています。好調に売れ続けているため、2022年4月からはホテル内の店舗でも販売を開始しました。コロナが収束し、宿泊客の増加に伴って、売上も右肩上がりで伸びています。

廃校の保健室を活用した喫茶店

一般社団法人オンラア未来会議 > https://note.com/onraa_oneraa/

千葉県香取郡東庄町の廃校の保健室を利用した「キッサテン ホケンシツ」。日替わりでオーナーが変わるシェアカフェを運営しているほか、学校の畑で収穫したスイカで作ったドリンクや地元で製造されたジャムなどを販売しています。ユニークな手法で地産地消にひと役買っています。

30 | SDGsの自由研究

> SDGs取り組みやすさ度 ★★★★☆

イベントの告知や運営が大変だが、子どもたちにSDGsの教育をおこなう社会的意義は大きい。

〉 自由研究のイベントで大事なのは「告知」

　SDGsは教育コンテンツとしても人気が高く、学校の授業はもちろんのこと、自由研究の課題としても取り扱いやすいところがあります。テーマもバラエティに富んでおり、企業のイベントとしても人気が高いです。

　たとえば、工務店で節電をテーマにした工作のイベントを開催したり、スーパーで中高生向けのフードロスを考える勉強会を開催したり、どの業種でも柔軟に取り組むことができるため、年間イベントとしても組み込みやすいところがあります。

SDGsの自由研究のイベント事例

業種	SDGsイベント事例	SDGsの主な目標
飲食店	フードロスを考える	ゴール12「つくる責任 使う責任」
工務店	廃材で工作を作る	ゴール7「エネルギーをみんなに そしてクリーンに」
雑貨店	プラスチックゴミの削減	ゴール14「海の豊かさを守ろう」
アパレル業	ジェンダー向けのアパレル品を考える	ゴール10「人や国の不平等をなくそう」
美容室	頭皮に優しいシャンプー・リンスを研究	ゴール3「すべての人に健康と福祉を」
宿泊施設	地域内の史跡を研究	ゴール11「住み続けられるまちづくりを」

　SDGsの自由研究のイベントは、10〜20人と少人数の開催が主となります。参加人数を増やすことを目的にするのではなく、質の高いお客を集めることを目的にしたほうが、企業側のメリットは大きいと言えます。

　また、SDGsの自由研究は、「開催すること」よりも、「開催を広く告知すること」のほうが重要です。プレスリリースを配信し、メディアに取り上げてもらえれば、自

由研究のイベントに参加しない人たちに対しても、企業名や商品名を広く知ってもらうことができます。

　一方、「開催すること」に重点を置いてしまうと、参加人数が少ないために売上が追及しにくくなり、「儲からない」という理由から集客が疎かになってしまい、イベント自体が盛り上がらなくなってしまいます。毎年開催しなければイベントとしても定着しないため、企業側は長期的な視点でSDGsのイベントに取り組む必要があります。

＞ 自由研究の完成品を会場に並べよう

　SDGsの自由研究のイベントは、参加者の思いや行動がバラバラになるため、主催者側がしっかり先導しないと、グダグダな企画になりやすいところがあります。最低限のSDGsの知識を学習したうえで、参加者にどのような経験をしてもらいたいのかを決めて、イベントのシナリオを詳細に作り込む必要があります。

　参加者の前でSDGsの話を一方的にするだけでは飽きられてしまうので、意見を求めたり、クイズやゲームを取り入れたりしながら、メリハリのついたイベントを開催したほうがいいでしょう。

　親の本音としては「子どもの夏休みの自由研究を早く終わらせたい」という思いもあり、参加したい意欲は子どもよりも親のほうが高いことも考慮しなければいけません。

　たとえば、SDGsに関する書籍や資料をはじめ、完成した作品や提出物を会場に並べてあげると、親子で自由研究のイメージがつきやすくなります。また、家に帰ってから自由研究の宿題がやりやすいように、資料づくりに必要なデータなどを用意してあげると、子どもだけではなく、親の満足度の高いイベントになります。

　このように、自由研究の宿題をきめ細かくフォローすると、「この企業は気配りができている」と思ってもらうきっかけとなり、ファン客の囲い込みにつながっていきます。

　イベントの開催場所は、できるだけ商品やサービスに触れてもらいたい狙いがあるので、自社の店舗や社屋でおこなうことをおすすめします。子どもが自由研究の課題に取り組んでいる間に、スタッフが親に声をかけたり、次回、店内で使える割引券を手渡したりして、見込み客との接触機会を増やすと、よりファン客を作りやすくなります。

終了後は、SNSやブログにイベントの写真や動画をアップして、多くの人に
SDGsの取り組みをしていることをアピールするようにしましょう。そのような地道な
情報発信が会社の知名度アップにつながり、次の年のSDGsのイベントの参加者
を増やす要因になります。

事例48

大人気のオンライン料理教室

オーガニック料理教室ワクワクワーク > https://wakuwakuwork.jp/

「オーガニック料理教室ワクワクワーク」のオンライン料理教室が大人気で
す。おにぎりの料理教室は全国から延べ1700人以上が参加し、その他の
季節をたのしむシンプルな料理教室や、働くお母さん向けの講座は満員御
礼が続いています。できるだけ多くの人に参加してもらえるよう、サイトにオ
ンライン講座の手順を丁寧に解説するページを設けたり、配布レシピにもオ
ンラインの説明を付けたりして、不慣れな人にも安心して参加してもらえるよ
う工夫している点も、新規の参加者を増やす要因になっています。

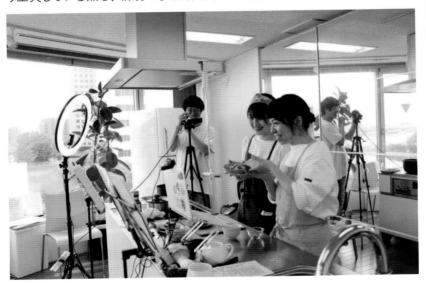

コオロギパンづくりで食の未来を考える

コオロギの食育パンキット > https://www.pasconet.co.jp/

Pascoのブランドで知られる敷島製パン株式会社は、「コオロギの食育パンキット」をオンラインショップで販売しています。「なぜコオロギが注目されるのか?」「コオロギが地球に優しい理由」などがまとまったリーフレットが商品と一緒にセットで届き、自由研究のテーマとしても活用することが可能です。コオロギパンづくりを通して学んだことを記録できる学習シートも特設サイトからダウンロードすることができます。オンラインイベントや自由研究のコンテストも開催し、企業側がSDGsを学びやすい環境を整えていることもヒットの要因と言えます。

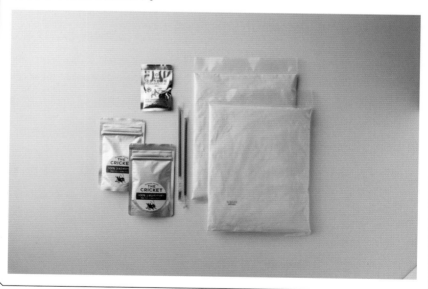

31 ガイドマップ

SDGs取り組みやすさ度 ★★★☆☆

地図の製作と地域内の店舗の情報の取りまとめに手間がかかる。手書き風のユニークなイラスト地図が人気。

❯ 小さなSDGsが集まれば大きな力になる

　小さなお店では宣伝力に限界があるため、SDGsに取り組んでも集客数や売上を大幅に増やすことができません。多くの人にサステナブルな事業を知ってもらうためには、小さなお店同士が協力し合い、お客を呼び込むための宣伝力を強化する必要があります。

　地域に密着する商店街や観光地がSDGsに取り組む場合、「ガイドマップ」を制作するのも一手です。たとえば、サステナブルな商品を取り扱う雑貨店や、ゴミの削減に力を入れる飲食店など、SDGsに積極的に取り組む店舗をマップ上で紹介し、SDGsに興味を持つお客に回遊してもらうことで、地域全体のお店の集客アップにつなげていきます。普段は足を運んでくれないようなお客が、ガイドマップをきっかけにお店に来てくれるようになれば、新規顧客の獲得につながります。

　このような取り組みは、商店街や観光地のイメージアップにもなるため、宣伝効果の高い販促ツールとしても活用することができます。

❯ Googleビジネスプロフィールの地図情報を連動させる

　ガイドマップの制作にはクリエイティブな技術が必要になるため、地元の広告代理店や印刷会社を巻き込んで、大がかりなプロジェクトとして進めていかなくてはいけません。また、近隣に住む大学生や若い移住者の中には、クリエイティブな能力に長けた人も多く、そのような人たちの力を借りて情報発信していくのもいいと思います。

　完成したガイドマップは参加店舗をはじめ、公共施設や観光案内所に置いてもらい、来店した人に配布します。各施設のホームページやSNSを通じて、ガイドマップの存在をアピールすることで、集客力を高めていきます。

コラボイベントやコラボ商品などを展開すると、情報発信するネタも増えて、集客のアップにつながります。ガイドマップに掲載されたお店同士で、積極的にコミュニケーションを取ることが、SDGsを主軸とした地域全体の活性化につながっていきます。

ほかにも、体の不自由な人向けのバリアフリーマップや、小さい子どもを連れた家族が遊べる案内マップなど、SDGsを切り口にしたコンテンツは無限にあります。Googleビジネスプロフィールを活用した地図検索を利用する人も増えており、ネットに掲載されている情報とうまくガイドマップを連動させることができれば、さらにお客の動きも活性化していきます。

事例50

SDGsの取り組みを商店街マップで紹介

日比野商店街振興組合 ＞ http://hibino-koi.com/

名古屋市熱田区の日比野商店街は、SDGsの取り組みを掲載した「ひびのよりそいマップ」を制作しました。【優しくよりそう商店街】をコンセプトに、「わたしたちができるSDGs」として、フェアトレード商品の販売や集いの場の提供、まちの緑化啓発などを各店が紹介しています。手に取りやすい冊子形式で、読み応えのある役立つ内容にすることで、手元に置いておきたくなるマップに仕上がっています。

事例51

富士通と共同制作した街歩きバリアフリーマップ

川崎フロンターレ

> https://www.frontale.co.jp/info/2021/1101_10.html

プロサッカークラブの川崎フロンターレは、障がいの有無に関わらず、だれもが安心してサッカー観戦を楽しめるよう、富士通株式会社と共同で「バリアフリーマップ」を制作しました。マップには、最寄り駅から等々力陸上競技場への徒歩ルートにおけるスロープや段差の有無、多機能トイレの場所などが明記されているほか、車いす目線で道路状況を確認できる動画とも連動しています。このマップは、スタジアム周辺の駅や公共施設、川崎フロンターレ公式カフェ「FRO CAFE」や小学校など計1万部以上配布されており、多くの人に利用されています。

@KAWASAKI FRONTALE

32 | 観光

SDGs取り組みやすさ度 ★ ★ ☆ ☆ ☆

観光関連の魅力あるSDGsのコンテンツづくりが難しい。公共施設や教育機関との連携が必要。

➤ SDGsの観光ツアーが盛り上がらない理由

観光とSDGsの関係性は非常に密接しています。環境資源を保護しなければ観光地としての魅力が消滅し、文化と伝統を守らなければ観光客の足が遠のいてしまいます。地域経済が観光によって成り立っている地方都市も多く、持続可能な社会を目指すためには、観光業は切っても切り離せない関係性と言えます。

しかし、SDGsが人気の高いコンテンツだからといって、観光とSDGsを絡めれば集客力が高められるかと言えば、そういうわけではありません。消費者はSDGsを目当てに旅行をするのではなく、SDGsをテーマにしたコンテンツに興味を持ってくれています。ツアーの内容がSDGsに絡んでいて、なおかつユニークな企画になっていなければ、お金を払って参加してくれる旅行商品にはなりません。

➤ 「頑張っている人」がいるから、観光客が持続的に応援してくれる

SDGsのお店や施設をガイドと一緒に回るだけでは、やはり面白みに欠けてしまうところがあります。美しい町並みを残すために努力しているボランティア団体や、食文化を守るために日々技術力を磨く調理人など、SDGsのために"頑張っている"という人の姿を目にすることで、はじめて参加者が「応援をしたい」と思える観光コンテンツになります。

ファンづくりにつながるようなSDGsの取り組みを紹介する観光コンテンツでなければ、持続的な支援を受けることはできません。息長く、何度も観光客にリピートしてもらえるような仕掛けづくりが、これからの観光地には求められます。

事例52

日本にいながら外国人の家でホームステイができる

まちなか留学 > https://hello-world.city/

東京と沖縄に住む外国人のお家でホームステイができる「まちなか留学」。世界一周旅行や留学に行きたいと思いながらも、お金や時間がなくて諦めてしまう人でも、日本国内にいながら海外の生活や文化、食事に気軽に触れ合うことができる新しい留学サービスです。語学だけではなく、農業留学や伝統工芸留学など、多くの人に平等に学ぶ機会が与えられるサービスは、今後も普及していくと思われます。

4

SDGsのイベントでお客はまだまだ増える

電気がない、携帯も通じない秘境の一軒宿

渡合温泉旅館 ＞ https://www.doaionsen.jp/

岐阜県の付知峡にある一軒宿「渡合温泉旅館」は、電気がきていないので、テレビも冷蔵庫も使えず、携帯電話も通じません。しかし、不便だからこそ、都会の喧騒から離れることができて、大切にされている自然と向かい合える貴重な体験をすることができます。「不便」を魅力に感じてくれる観光客が山間部の集落に足を運ぶことは、人口減少エリアの持続可能な社会づくりにも貢献します。

33 エコ商品のノベルティグッズ

SDGs取り組みやすさ度 ▸ ★ ★ ★ ★ ★

ノベルティグッズの配布は消費者のSDGsを考えるきっかけにつながる。

＞ 捨てられずに大切に使われるSDGsのノベルティグッズ

SDGs関連のノベルティグッズを目にする機会が増えました。一般的な販促品に比べて企業のイメージアップにもつながりやすく、差別化にもなることから、企業がサステナブルなギフト品として利用するシーンが増えています。

自然環境に優しいことから、受け取った人が大切にノベルティグッズを使用するケースも多いです。長期的に会社名や商品名を刷り込ませるツールとしても、サステナブルな商品のほうが優れていると言えます。

おもなSDGs関連のノベルティグッズ

・エコバッグ

・竹製のタンブラー

・再生紙を利用したメモ帳

・紙製のボールペン

・リサイクルレザー小物

・オーガニックコットン製品 （バッグ・小物入れなど）

・間伐材商品 （コースター・マグネットバーなど）

・水筒 （サーモボトル・クリアボトル）

・自然素材のカトラリー（箸・スプーン・フォークなど）

・エコブランケット

・ポータブル扇風機

・うちわ、扇子

・冷感スカーフ

ノベルティグッズは、たくさんの人に配る「ばら撒き型」と、商品の購入者や契約者だけに配布する「限定型」の2種類があります。

　ばら撒き型は、店舗名や商品名、企業名を覚えてもらうために、不特定多数の人に大量に配る商品のことです。数をたくさん配るため、必然的に単価が安いことが条件になります。サステナブルな商品としては、エコバックやコースターなどが、ばら撒き型に適したノベルティグッズと言えます。

　限定型は、購入した人や契約してくれた人に"限定"でプレゼントする商品のことです。お金を払ってくれる"きっかけ"になるような、高級そうに見えるサステナブルな商品でなければいけません。職人が作ったマイ箸や高性能なサーモボトルなど、「この景品がもらえるなら、買ってみよう」と、購入のスイッチが入りやすい商品をセレクトする必要があります。

＞ 再生紙を使った「付箋」は、ノベルティグッズとして意味があるのか？

　サステナブルな商品をノベルティグッズとして配布すると、使っている際に話題にもなり、商品名やサービス名を思い出してもらうきっかけにもつながりやすくなります。

　たとえば、真夏の節電グッズとしてうちわを配ると、会社や自宅で仰ぐ人が出てくるので、「そのうちわ、どうしたの？」と認知を広げるコミュニケーションのきっかけづくりになります。また、ハンディタイプの扇風機やマイ箸も、持っているだけで相手の視線を集めるので、会話の中から商品名や会社名を知ってもらえるメリットがあります。

　一方、同じエコ商品でも、再生紙を使ったティッシュや付箋は、個人で利用するシーンが多く、口コミが広がりにくいところがあります。また、再生ポリプロピレンを使用したクリアファイルも、エコ商品としては画期的ですが、一般的なクリアファイルとの違いがわかりにくく、SDGsの話やサステナブルな話に発展しにくいところがあります。

　サステナブルなノベルティグッズを渡すだけで、消費者が「環境を考えている企業」とポジティブなイメージを持ってくれるので、今後、SDGs関連の販促物を配布する企業は増えていくと思います。しかし、実際にSDGsの活動をしていなければ、「なぜ、このノベルティグッズを配ったの？」と疑問に思われてしまい、

SDGsのブームに便乗しただけの企業だと思われてしまうリスクがあります。

　ノベルティグッズにサステナブルな商品を使用する場合は、なにかしらのSDGsの取り組みをおこなったうえで、SNSやブログで情報発信をしていなければ、逆効果になる可能性もあるので注意が必要です。

事例54

国産間伐材を使ってノベルティグッズを作成

フロンティアジャパン ＞ https://eco-pro.ne.jp/

「つかうだけでSDGsになる」をテーマに、間伐材、国産木材で木製ノベルティグッズを取り扱うフロンティアジャパン株式会社。国産の木を使うことは、森を守ることにつながり、木材の加工は伝統的な木工加工技術が受け継がれる利点があります。ロゴやキャラクターなど自由な形にデザインを変えた企業向けのノベルティグッズや、学校法人の記念品、廃材や端材を利用したアップサイクル※の製造も請け負っています。

※単にリサイクルするだけでなく付加価値をもたらしたもの。

事例55

フェアトレードで"5方よし"の商品作りを目指す

シサム工房 > https://sisam.jp/

フェアトレードとは、途上国で暮らす人たちの自立支援につながる買い物の仕組みのことを言います。寄付ではなく仕事を提供することで、持続可能な社会づくりを支援することが、先進国のSDGsの取り組みとして注目されています。シサム工房では、作り手、売り手、買い手、社会、地球環境の"5方よし"を目指した商品やサービスを広めることで、貧困や児童労働、環境問題を解決していくことを目標として掲げています。商品にはフェアトレードのストーリーを伝える説明文などが添えられるため、SDGsの取り組みが消費者に伝わりやすいのも特徴です。

34 | フリーマーケット

SDGs取り組みやすさ度 ★★★☆☆
出店者の募集や集客に手間がかかる。慣れれば難易度の高くないイベント。

> お金をかけずに人が呼べる優等生なSDGsイベント

　家庭の不要品などを持ち合って販売する「フリーマーケット」は、SDGsの観点から見ても優れたイベントと言えます。商品を再利用することから「ゴール12・つくる責任 つかう責任」の目標を達成することができて、経済的なメリットもあることから、「ゴール1・貧困をなくそう」や「ゴール8・働きがいも経済成長も」もクリアできる、優秀な販促企画と言えます。

　フリーマーケットの開催は、企業側にとっても多数のメリットがあります。駐車場などの空きスペースを貸し出すだけで、出店者とお客の両方を集客することができるので、多くの見込み客を集めることが可能になります。また、フリーマーケットに自分たちも出店すれば、売上に貢献するイベントにもなります。

　たくさんの人を集める目的であれば、会場に子ども向けの遊戯物を設置したり、芸能人やタレントを招待したりするほうが手っ取り早いです。しかし、多大なコストが発生するわりには、見込み客になりにくい人を集めてしまい、主催した企業側のメリットが乏しいイベントになってしまうケースが多いです。

　少ない予算で多くの人が集められるフリーマーケットは、「モノを買う」という購入意識の高いお客にアプローチできる販促企画と言えます。

> お客を呼ぶための仕掛けづくりに手間がかかる

　フリーマーケットはコストがかからないイベントである半面、準備には非常に手間がかかります。お客を集めるためにポスターやチラシを作る必要があり、宣伝と申し込みを兼ねたホームページやブログ、SNSも用意しなくてはいけません。

　また、地元の新聞社やテレビ局にプレスリリースを配信して告知をしたり、公共施設の掲示板や地元の情報サイトにも案内を出したりして、宣伝活動にも力を入

れる必要があります。

　不特定多数の人が参加するイベントのため、細かいルールを決める必要があります。出店料金や1ブースあたりのスペースの設定、注意事項や悪天候になった場合の対処法など、主催者として事前に決めなくてはいけないことが多数あります。スタッフ不足で手が回らない場合は、地元でフリーマーケットを主宰している団体などに相談をして、運営の代行をしてもらうのも一手です。

事例56

配送センターの駐車場でフリーマーケットを開催

日本タイガー電器 > https://fleamkt.santasan.net/

自社の駐車場で月に1回「高槻わくわくフリマ♪」を開催する日本タイガー電器株式会社。もともとは、キズ品や型落ち品など通常は廃棄せざるをえない商品を買ってもらうために始めたイベントでしたが、今では近所の人も不要になった洋服や雑貨などを持ち込んで出店するほどの人気イベントになっています。メーカーとしての責任を果たして、ムダをなくし、なおかつ地元の人に喜んでもらえる、メリットだらけのフリーマーケットと言えます。

事例57

日々の業務から出てくる"あまり紙"でフリーマーケット

ホウユウ > https://for-you.co.jp/

印刷業を営むホウユウ株式会社では、日々の業務から出てくる"あまり紙"を有効活用した「ペーパーフリーマーケット」を10年以上開催しています。紙の格安詰め合わせセットや雑貨商品のセール販売のほか、製本機を使ったノートづくり、写真で作るオリジナルクリアファイルなどのワークショップで毎回300〜500人を集客し、地域の活性化を図っています。さらに、紙を安価で提供することで地元団体や店舗の支援もおこなっています。フリーマーケットという言葉がエコな印象を与えて、企業イメージの向上にもつながっています。

35 | NPO法人との連携

> SDGs取り組みやすさ度 ★★★★★

NPOの団体からSDGsの取り組みやイベントの提案をしてもらえることも。

› SDGsに取り組んで"炎上"してしまう企業の特徴

　　NPOとはNon-Profit Organizationの略で、営利を目的としない社会活動をおこなう団体のことを意味します。社会的貢献が主となるSDGsと相性が良く、NPO法人としてSDGsの活動をしている団体も数多く存在しています。SDGs関連のNPO法人と連携すると、知識や情報、人脈を活用することができるようになります。

　　一方、SDGsの本質や狙いを理解せずに、実態を伴わない活動をしてしまうと、消費者から"SDGsウォッシュ"と思われてしまい、反感を買ってしまうケースも多々あります。事前に専門的な知識を要するNPO法人の力を借りて、適切な活動をすることも、企業のリスク回避の行動の1つと言えます。

› NPO法人の力を借りて、
より本格的なSDGs活動をおこなう

　　社会的に大きな影響を与える大企業の場合、活動内容が本当にSDGsに貢献しているアクションなのか、専門家のエビデンスを取ることをおすすめします。SDGs専門のNPO法人から承認されることで、消費者の信頼度が増し、サステナブルな活動をより多くの人に認知してもらえるようになります。第三者の力を借りれば、SDGsの取り組みにも幅が広がり、スタッフのモチベーションも上がります。

　　ほかにもSDGsの専門家の講師派遣や寄付先の選定、ワークショップの開催や企業が主催するシンポジウムなど、NPO法人の力を借りることで、より専門的なテーマでイベントを開催することができるようになります。

　　NPO法人によって取り組むテーマはまちまちなので、SDGsのテーマを選定したうえで、適した団体に一度問い合わせてみることをおすすめします。

事例58

民間企業や研究機関とも連携してSDGsに取り組みやすくする

SDGsジャパン > https://www.sdgs-japan.net/

正式名称は「SDGs市民社会ネットワーク」。「続かない世界を続く世界にする」ことを目指し、NGOやNPOなど市民社会組織が集まって生まれた一般社団法人です。誰一人取り残さない社会の実現を目指し、日本政府や議員に働きかけて、市民社会の視点から提言活動をおこなうほか、民間企業、研究機関との連携や、メディアを通じた情報発信も積極的におこなっています。同法人と連携することで、取り残されがちな当事者の声や、社会課題に焦点を当てて課題の深掘りをすることが可能になるので、イベント参加者の学びの満足度も高くなります。

SDGs採択5年目となった2020年にSDGsジャパンで企画したSDGsウェディングケーキ

事例59

NPO法人と連携して引きこもり経験者を支援

橋本商店街協同組合 > https://84moto.biz/

神奈川県相模原市にある橋本商店街は、若者の職業的自立を支援する機関「NPO法人さがみはら若者サポートステーション」と連携し、引きこもり経験者の支援を積極的におこなっています。自立支援の受け入れは一般的に1〜2週間程度が相場ですが、橋本商店街では3か月に渡って受け入れてくれるのが特徴です。かんたんな事務作業をはじめ、電話対応やイベントのお手伝いなどをしながら、少しずつ社会生活に慣れていく手厚い支援ができるのも、商店街とNPO法人が連携していることで実現できる活動と言えます。一般企業では取り組むことが難しいテーマでも、NPO法人の協力を得ることで、実現可能になるSDGsの活動も多々あります。地域貢献のスケールも大きくなるので、難易度の高い案件はNPO法人の協力や支援を受けることをおすすめします。

36 SDGsイベント

> **SDGs取り組みやすさ度** ★★★★☆
>
> 小規模のイベントであればコストと手間はかからない。一度取り組むと社内の
> SDGsの意識がガラリと変わる。

› 新規顧客も優良顧客も獲得できるSDGsイベント

　企業のイベント開催は、お客が来店してくれて、なおかつ商品やサービスに触れてもらうことができるので、新規顧客の獲得には欠かせない販促企画の1つと言えます。特にSDGsに関連したイベントは多くの人が注目しているテーマのため、日本各地の企業や店舗で開催されています。

　イベント開催は新規のお客を獲得するだけでなく、ファン客を囲い込むマーケティング戦略としても有効です。スタッフと一緒にお客がSDGsに関わる体験をすることで、より商品やサービスを好きになってくれて、愛着を深めてもらう機会を作ることができます。

› スタッフの清掃活動が有効なコンテンツになる理由

　一方、手間とお金がかかる大掛かりなイベントは、企業やお店にとって大きな負担になります。売上につながらない販促企画になるケースも多く、できるだけ準備に手間とお金をかけず、スタッフもお客も一緒になって楽しめるイベントにすることが、SDGsの催事には求められます。

　手間をかけずにイベントを開催するのであれば、あえてお客が参加しないSDGsイベントを企画することも、一考する価値があります。たとえば、社内のスタッフだけでおこなう清掃活動や地域貢献のイベントは、SDGsについて真剣に考えるきっかけづくりにもなり、スタッフの環境への意識を高める啓蒙活動にもつながります。

　社内のSDGsの取り組みを、SNSを通じて情報発信することもできるので、企業のイメージアップにも貢献します。スタッフだけの"身内ウケ"のようなSDGsイベントも、工夫次第ではサステナブルなコンテンツとして活用することができます。

おもな SDGs イベント

イベント名	事例
地域内の見学ツアー	町内の歴史、伝統、産業を学ぶ
体験教室	農業体験、工場見学
SDGs 関連の絵本の読み聞かせ	童心社『へいわってどんなこと?』、BL 出版『ルブナとこいし』など
清掃、ごみ集めのイベント	山、川、海などを清掃活動。終了後に持ち寄ったごみについてディスカッションをする
SDGs の専門家を招待したセミナー	SDGs の NPO 法人の専門家に依頼
廃材を利用した工作教室	家を解体した際に出る廃材や間伐材などを利用
昆虫採集	昆虫採集を通じて地域内の自然を考える
オンラインで外国人と交流	海外のさまざまな人たちと交流し、各国の文化や生活習慣を学び、理解を深める
SDGs カードゲーム	SDGs の目標達成に向けて、現在から 2030 年までの道のりをカードゲームで体験できる。テーマが多数あり

事例60

「出前授業」「遠隔授業」「バーチャル工場見学」で環境保全をどこでも学べる

三光 > https://sankokk-net.co.jp/sdgs/

廃棄物処理やリサイクルを手がける三光株式会社では、環境保全やSDGsなどをテーマにした「出前授業」「遠隔授業」を実施しています。クイズや実験を交えつつ、廃棄物の現状やリサイクルの仕組みを楽しく学ぶことができます。また、Web上でいつでもどこでも工場や本社を見学できる「バーチャル工場見学」も開催し、天井から足元まで360度の視点で、工場や本社を見学することが可能です。

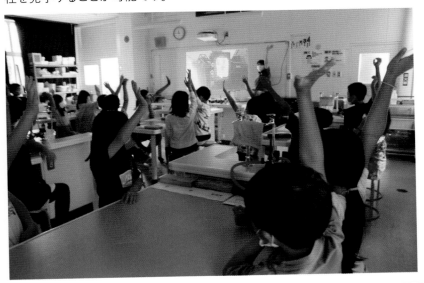

事例61

社内スタッフによる清掃活動を毎週実施

木村石鹸 > https://www.kimurasoap.co.jp/

木村石鹸工業株式会社では、地域内の公園や神社を清掃する活動を定期的におこなっています。石鹸や洗浄剤などの商品を扱っていることはもとより、地域への貢献という意味も込めて、このような活動をはじめたそうです。清掃活動を通じてスタッフは整理整頓の習慣を身につけることができるうえ、地域の人たちに認められて、愛される会社になるための貢献活動にもつながっています。

37 | 朝市

> **SDGs取り組みやすさ度** ★★★★☆
> 月に1回の早朝営業でもOK。特別感と新鮮な雰囲気が伝わるイベントになる。

› 持続可能な社会づくりに欠かせない朝市

　早朝に農産物などを販売する「朝市」は、多くのSDGsの目標を達成できるイベントです。市場に流れにくい商品を適正価格で販売できることから、フードロスにも貢献し、地域経済を活性化させる一助にもなっています。

　また、生産者と地域の消費者が直接つながる機会を作り、農業や漁業に興味を持ってもらうきっかけにもなります。高齢者の働きがいの創出にもつながっており、朝市そのものが持続可能な社会において、重要度の高いイベントになっています。

　公共施設や道の駅で朝市を開催するケースが一般的ですが、近年では飲食店や宿泊施設でも朝市がおこなわれています。駐車場や店舗の空きスペースを貸し出すほか、商店街の店舗の軒下を利用して朝市をおこなうこともあり、売り方のスタイルも時流にあわせて変化しています。

　一方、スペースを有料で貸し出すお店側は、営業時間外の収入が得られるメリットがあります。貸し出したお店と同時に自分たちも営業すれば、朝市目当てのお客を集客することができるので、集客面でもプラスに働きます。

› 朝市に来る人は"超"がつくほどの優良顧客

　近年では「マルシェ」や「ファーマーズマーケット」という言葉を使って、オシャレな朝市を打ち出して、女性の集客に力を入れているところが増えています。早朝だけではなく、1日中開催したり、食品以外にもアクセサリーや雑貨など幅広い商品を取り扱うようにしたり、バラエティに富んだユニークな朝市が全国各地で開催されています。

　朝市には価格の安さを目的としない、優良なお客が集まりやすい利点もありま

す。「せっかく朝早く来たんだから」と、たくさんの商品を購入してくれる人も多く、商品を気に入ってもらえれば、自店舗の新規顧客の獲得の場にもなります。

朝市は、多くの人に開催していることを知ってもらわなければ、盛り上がりに欠けてしまい、人が集まらなければ、出店者も恩恵が受けられなくなってしまいます。メディアに向けてプレスリリースを配信するほか、出店者にも協力してもらい、SNSを通じて朝市の情報を発信してもらうことを依頼するのも一手です。地元で有名な飲食店や、フォロワー数の多い経営者に朝市に出店してもらうことも、集客を増やす策として一考する価値があります。

事例62

女性客に大人気の酒造の朝市

きのえね朝市 ＞ https://www.iinumahonke.co.jp/

日本酒の蔵元「飯沼本家」が毎週第四日曜日に開催している「きのえね朝市」。千葉県を拠点とする人気店が出店するほか、会場では主催者である飯沼本家もお店を出して、一緒に朝市を盛り上げます。木造のアンティークな会場で開催するのも、インスタ映えを好む女性客が集まる理由の1つと言えます。朝市を開催することで、地域の観光が盛り上がり、自社商品を知ってもらえる機会を作ることにつながります。

事例63

早朝に焙煎されたばかりの珈琲豆が手に入る

珈琲朝市 > https://idecafe.com/

千葉県鎌ケ谷市にあるイデカフェでは、月に1回、朝8時より当日の朝に焙煎した上質なアラビカ種珈琲豆各種をお得な価格で販売しています。珈琲は朝のイメージとマッチしている商材であり、定期的に開催することで「朝早くに行けば、お得に珈琲が買える」という習慣を身につけてもらえることができます。特別感のあるイベントの性質から、遠方からの集客も見込めるのも、朝市のメリットと言えます。

38 | 三世代消費

SDGs取り組みやすさ度 ▶ ★★★☆☆

孫のイベントにいかにシニアを呼び込めるかがカギ。シニアと子どもを参加無料にするのも一手。

＞ シニアのお金は孫に回る

　子・親・祖父母の"三世代"をターゲットにしたビジネスが好調です。共働きの親に代わって祖父母が孫の面倒を見る機会が増え、孫のお小遣いやプレゼントに消費する祖父母が急増しています。

　三世代で旅行や食事に行くケースも増えており、客単価が高いことも特徴と言えます。一方、世代がまったく違う孫と親と祖父母の三者を満足させる販促は難易度が高く、多くの企業や店舗が試行錯誤を繰り返している状況です。

　三世代消費は、SDGsの取り組みとしても有効です。三世代でコミュニケーションを深めることは、年配者の健康管理につながり、「ゴール3・すべての人に健康と福祉を」に該当する活動と言えます。

　また、親の収入が少なくても、祖父母の収入をプラスすることで、子どもが平均的な水準の生活が送れるようになることは、「ゴール1・貧困をなくそう」の目標を達成することにもなります。地域の文化や伝統を引き継ぐためには、三世代にわたる事業の継承が必要不可欠であり、三世代で経営者が地元に根付くことは、地方都市の過疎化の防止にもつながります。

　三世代消費に注目しているのは、おもに観光業やホテル、飲食店などの業界です。施設内にキッズルームを設けたり、夕食はブュッフェ形式にして、孫から祖父母までが好きな料理を食べられるように工夫したり、三世代に満足してもらえるための仕掛けづくりが多くの施設で展開されています。

　また、イベントや体験教室も、子どもや若い世代が楽しめるだけではなく、祖父母も一緒に参加できるように工夫してあげることも、三世代の満足度を引き上げる施策になります。

穴場は10月の第三日曜日「孫の日」

　三世代が参加する年間イベントも、新たな消費を生み出すチャンスと言えます。ひな祭りや子どもの日、クリスマスのほか、ひな人形やこいのぼり、ランドセルや学習机なども、親ではなく祖父母が購入するケースが増えています。親だけではなく、祖父母に対しても効率よく情報を届けるためには、新聞折込チラシやポスティングなどのアナログな宣伝活動にも力を入れていく必要があります。

　一方、9月の第3月曜日の「敬老の日」は、いまひとつイベントの盛り上がりに欠けているのが現状です。高齢者が増えているものの、「自分がシニアだと思われたくない」という人が多く、長寿化が進んだことによって、自分自身が祝う側なのか、祝われる側なのか曖昧になっている点も、敬老の日が今ひとつ伸び悩んでいる要因と考えられています。

　敬老の日は、ギフト需要で三世代消費を狙うよりも、祖父母の似顔絵を描いて展示したり、おじいちゃん、おばあちゃんと来場すると特典のプレゼントがもらえたりする、コミュニケーションを重視したイベントのほうが、三世代の満足度が高い販促企画になります。

　なお、10月の第3日曜日の「孫の日」は、現状、敬老の日以上に注目度の低い記念日となっています。この日に積極的にイベントを開催している企業やお店は、ごくわずかしかありません。裏を返せば、告知することによって注目を集めやすい記念日でもあるため、秋のイベントの1つとして、三世代を狙ったSDGs企画を孫の日に開催してみるのも面白いかもしれません。

三世代で長く愛用される耐熱ガラス容器

iwaki > https://igc.co.jp/shop/default.aspx

保存容器だけでなく、調理にも使える耐熱ガラス容器のブランド「iwaki」。丈夫で使いやすく、シンプルで時代を感じさせないデザインのため、祖父母の代から愛用している利用者が多いのが特徴です。作った料理を容器のままテーブルに出せるため、鍋や皿を増やさない点もSDGsに適した商品と言えます。また、匂いがつきにくく、ガラス本体は食洗器でも洗えるため、料理が苦手な男性や高齢者でも使いやすいことも、ロングセラー商品になった理由と言えます。

39 シェアサイクル

SDGs取り組みやすさ度 ＞ ★ ★ ★ ☆ ☆

都心部と観光地のSDGsの取り組みに限られる。

＞ シェアサイクルの駐車スペースを作って集客アップ

　電動アシスト自転車を共有する「シェアサイクル」は、健康意識の高まりに加えCO_2を排出しない新しい移動手段として注目され、多くの都市で利用されています。スマホのマップ機能を利用して自転車の貸し出し場所をすぐに見つけられ、キャッシュレス決済でかんたんに借りられることから、利用者数を年々増やしています。

　シェアサイクルの駐車スペースを設けると、その場所が目的地になるため、店舗の集客効果を高めることができます。駅から遠いショッピングセンターやスーパーをはじめ、飲食店や観光スポットなどは、シェアサイクルを通じて、遠方からお客を集めることが可能になります。

　また、建物の隙間や変形した土地を駐車スペースとして貸し出すことができるため、店舗や施設側が副収入を得られることも、大きなメリットと言えます。

＞ CO_2を出さない移動手段が続々と登場

　近年では電動キックボードや電動バイクのシェアサービスも登場しており、移動手段の選択肢は以前よりも増えています。特に電動キックボードに関しては、規制緩和に伴い、新しい移動手段としても注目を集めています。

　観光地では、実験的に電動自動車のカーシェアリングもおこなわれています。移動する乗り物の利便性が高まれば高まるほど、駐車スペースの確保が集客と比例するお店が増えていくと思われます。

シェアサイクルで観光地を活性化

安曇野サイクルロゲイニング > https://azumino-e-tabi.net/rogeining

「ロゲイニング」とは、野外に設置されたチェックポイントを制限時間内にまわり、得られた点数を競う野外スポーツのことです。長野県の安曇野サイクルロゲイニングは、地図に記載された場所をマウンテンバイクや電動アシスト自転車で回り、お店の外観や看板の写真を撮影したり、食事や買い物をしたりして、得点を競い合う、参加無料のサイクリングゲームとして人気を集めています。市内には「安曇野サイクリングオアシス」といってトイレや駐輪場を自転車利用者に貸し出すなど協力的な店も多く、利用者が立ち寄ることで、地域の活性化にもつながっています。観光とシェアサイクルは相性が良いこともあり、地域や商店街でサイクルロゲイニングのイベントを開催すると大いに盛り上がると思います。

事例66

電動マイクロモビリティのシェアサービス

LUUP > https://luup.sc/

東京や大阪などで電動マイクロモビリティのシェアサービスを展開する株式会社Luup。アプリ経由でかんたんに借りることができるので、新しい移動手段として注目されています。LUUPの車両は縦に細長いスペースでも駐車可能なため、マンションや戸建てのデッドスペースを活用して駐車することができます。スペースを提供すれば、定額で賃料が入るだけでなく、駅から遠い店舗でもお客を呼び込むことが可能になります。周辺の住民も、LUUPの車両を借りるついでにお店に立ち寄ってくれるようになるため、SDGsによるイメージアップに加えて、高い集客効果も見込めます。

40 ｜ キッズコーナー

SDGs取り組みやすさ度 ＞ ★★★★★

設置は容易。コストもほとんどかからない。人の目につくところなので、清掃は定期的におこなうこと。

＞ キッズコーナーの設置も立派なSDGs

　小さな子どもが遊ぶ「キッズコーナー」は、親が安心して子どもを見ていられる空間として、美容室や歯科医院、カーディーラーなどで多く採用されています。

　SDGsの観点では、「ゴール11・住み続けられるまちづくりを」や、「ゴール5・ジェンダー平等を実現しよう」などの目標を達成できることから、今後もSDGsを意識した店舗づくりにおいて、キッズスペースを設置する店舗は増えていくことが予想されます。

　キッズコーナーを設置することで、小さな子どもを連れたお客が増えることは、集客増に直結します。店舗での滞在時間も伸びるので、スタッフとのコミュニケーションの増加や、客単価のアップも期待できます。また、店内を安全に利用してもらえることから、怪我や商品の破損を回避することができて、広い店内では迷子の防止にもつながります。

＞ キッズコーナーを設置してネットからの集客を増やす

　キッズコーナーの設置場所は、店舗のどこからでも目に届くところに配置するのが理想です。入口付近に設置すると、子どもが屋外に出て行ってしまうリスクがあるため、できる限りスタッフや親の目が届く場所にスペースを設けるようにしましょう。

　玩具に関しても、誤飲を防ぐために子どもの口よりも大きい玩具を用意する必要があります。また、保護者が遠目から見ていても安心して遊べる月齢の子を、キッズコーナーの利用条件として定めることをおすすめします。保護者が付き添わなくてはいけない小さな子どもの利用は、遠慮してもらうよう、スタッフが声をかけて管理運営するようにしましょう。

　キッズコーナーが設置されていることは、ホームページやSNS、Googleビジネス

プロフィールなどで告知していくことをおすすめします。キッズコーナーをネットで検索して探しているお客も多いので、積極的な情報発信が集客アップにつながります。

　キッズコーナーの設置は、他店との差別化や来店動機にもなるので、SDGsの活動も踏まえて、店舗に導入する価値のある施策と言えます。

事例67

保育士の資格を持つスタッフが対応するキッズコーナー

米津歯科医院 ＞ https://yonezu-dent.com/

愛知県西尾市にある米津歯科医院では、保育士の資格を持ったスタッフが院内のキッズスペースでお子様を預かるサービスを展開しています。赤ちゃんの預け先がなく、歯の治療を我慢してしまう人も多く、歯科医院に定期的に通院することが難しい主婦が多いことから、院内にキッズスペースを設けたそうです。女性に優しいサービスは口コミで広まりやすく、気配りができる施設だと理解してくれるため、利用者のイメージアップにもつながります。

41 健康イベント

> SDGs取り組みやすさ度 ★ ★ ★ ☆ ☆

専門知識を要する健康イベントの場合、実施できる企業は限定的となる。医療医薬品関連の企業との連携がおすすめ。

＞ 一般企業でも取り組める「健康」をテーマにした SDGs活動

SDGsの「ゴール3・すべての人に健康と福祉を」の目標は、医療に関わる事業を展開している企業でなければ、取り組むことが難しいテーマと言えます。「健康」と聞くと、病気や怪我の治療をはじめ、感染予防やワクチン接種などの医療業務をイメージする人も多く、一般企業が取り組むにはハードルの高いSDGsの活動と言えます。

一方、かんたんな健康管理やアドバイスであれば、SDGsに貢献できる販促企画も多く、一般企業や小さなお店でも地域に貢献できる健康サービスを提供することが可能です。たとえば、商店街をウォーキングしながらスタンプラリーをしたり、店舗の空きスペースで高齢者向けのヨガ教室を開催したり、健康管理のイベントは集客効果の高いイベントとして人気があります。

健康イベントには、課題に対して問題意識を持つ良質なお客が集まりやすいです。健康に関する悩み事を打ち明けることで、スタッフとの信頼関係が生まれて、さらにコミュニケーションを深めることで心理的な距離を縮めることができます。アドバイスを実践して健康が改善されると、感謝の気持ちが生まれて、売り手とお客以上の強い関係性を築くことができます。

一般的な企業や店舗でも開催できる健康イベント事例

イベント	内容	主な業種の店舗と商品
体力測定	反復横跳びや上体起こしなどの体力測定をおこない、自己の健康管理の目安にする	スポーツ用品店、介護用品、健康食品、薬局、スポーツクラブ
身体バランス測定	姿勢分析や身体の歪みなどを測定する専用機器を使用	介護用品、寝具店、高齢者向けの靴、スポーツクラブ、ヨガ教室
肥満分析	体重÷身長の2乗で算出されるBMIで測定する	健康食品、美容健康関連、ダイエット食品、スポーツクラブ、スポーツ用品店
ダイエット支援	管理栄養士や薬剤師の指導で食生活を改善	健康食品、美容健康関連、ダイエット食品、スポーツクラブ、スポーツ用品店、スーパー、惣菜店、介護食品の宅配事業者
ストレス測定	かんたんなアンケートに答えてストレスをチェック。指から脈拍数を測定してストレスチェックをするアプリもある	スポーツクラブ、趣味商材
肌年齢測定	専用測定器を使用。価格や性能はさまざま	美容健康関連、化粧品、入浴施設
睡眠測定	アンケートに答えて睡眠の問題点を改善	寝具店、パジャマ、スポーツクラブ

企業のスポーツサークルが人材不足解消のカギを握る

　スタッフ向けの健康イベントも、企業に多くのメリットを生み出します。社内でフットサルや野球のサークルを作ったり、ヨガやゴルフの教室を開催したりすることは、社員の健康を維持し、医療費の削減につながります。また、会社でサークル活動や教室の補助を負担することで、活動内容が充実し、スタッフも積極的にスポーツイベントに参加するようになります。

　健康が維持されると生産性が向上し、スポーツを通じてコミュニケーション量が増えることで、対人関係のストレスも改善されます。健康を維持する活動は、企業イメージの向上にもなり、SNSなどでスポーツイベントへの取り組みを情報発信することで、採用コンテンツとしても有効活用することができます。

　最近では社員が参加する社内運動会にも注目が集まっており、チームワークや組織力を高めるイベントとして、積極的にスポーツを取り入れる企業が増えています。

寝具店がおこなう靴の健康イベント

スリープイン > https://sleep-inn93.com/

石川県七尾市にある寝具店「スリープイン」では、定期的に「足と靴の健康相談会」を開催しています。靴を通じて生活をより豊かにすることをモットーに、足形測定や歩き方のアドバイスのほか、最適な靴のサイズの選び方などをレクチャーします。靴を通じて健康を意識する人は、寝具を通じて健康を意識する人に近いところがあり、見込み客の掘り起こしの販促企画としても有効な集客イベントになっています。

企業がトレーサビリティに消極的な理由

＞中小企業にはハードルが高いトレーサビリティ

　製品の原料調達から生産、消費、廃棄までのプロセスを追跡可能な状態にしておくことを「トレーサビリティ」と言います。商品で問題やトラブルが発生した場合、すぐに原因を究明することができたり、販売者まで商品が行き渡ったプロセスを消費者が把握できたりするため、商品の安心感や信頼感を高めることにつながります。

　一方、トレーサビリティを把握するのは、サプライチェーン全体で取り組まなくてはいけない作業になるため、相当の手間と時間がかかることも理解しなくてはいけません。それぞれの企業の担当者によって基準や認識にズレが生じるケースも多く、統一した考え方や捉え方を共有しなければ、基準そのものが曖昧になってしまうところがあります。

　また、トレーサビリティの取り組みは、企業にとって直接利益につながりにくいことが多く、手間のかかる作業が増えることから、取り組みに対して消極的な態度を取る企業も少なくありません。

＞取引先のトラブルを連帯責任で背負うケースも

　トレーサビリティを把握していなかったことで、企業側も大きなリスクを負うケースも増えています。たとえば、取引先で適正な状況で商品が保管されていなかったり、自然破壊をしながら原材料を採取しているグループ会社があったりと、SDGsと逆行するような行為が発覚してしまうと、商品の回収騒動だけでなく、企業イメージのダウンにもつながります。

　最近では商品の供給先から購入者までの履歴をネットワーク化したり、生産者や流通業者の情報をバーコードやICタグに集積して消費者が検索できたり、トレーサビリティの取り組みもデジタル化が進んでいます。

　納品書や送り状などを整理してファイルするだけでも、十分なトレーサビリティの取り組みになります。まずは自分たちできることから、少しずつ始めていくことが、商品の品質と信頼性を高める"はじめの一歩"になります。

第 **5** 章

小さな会社でも
利益を生み出せる
SDGsの
新規ビジネス

42 ｜ 無人店舗

SDGs取り組みやすさ度 ★ ★ ★ ☆ ☆

人件費がかからない反面、治安が悪化すると窃盗被害にあうリスクが高くなる。

＞ 24時間365日働いてくれる自動販売機

コロナ禍を機に、無人店舗や自動販売機を活用する企業が急増しました。人との接触をできるだけ回避する売り方が注目されたことに加えて、人件費の高騰で「人を雇わない」という販売方法が広がったことが普及した背景として考えられます。

SDGsにおいても、「ゴール8・働きがいも経済成長も」や、「ゴール9・産業と技術革新の基盤を作ろう」など、労働時間を軽減させながら、経済を潤滑に回す仕組みづくりとして注目されています。

近年の自動販売機は、餃子やキムチなどの食料品をはじめ、バッグや花などを扱うユニークなものが次々に登場しています。24時間売上を作ることができる自動販売機は、人件費の高騰や営業時間の短縮を強いられる店舗にとって、貴重な収入源になりつつあります。

＞ 初期コストが下がれば無人店舗は爆発的に増える

無人店舗に関しては、コロナ前から海外で普及していた「Amazon Go(アマゾン・ゴー)」をはじめ、日本でも従業員を配置しない店舗が増えつつありました。しかし、店内に高機能なカメラやセンサーを設置すると初期投資がかかるため、中小企業では無人店舗の経営は難しいのが現状でした。

しかし、近年では電子決済機を店内に設置したり、賽銭箱やガチャガチャなどのアナログな仕組みを導入したり、初期コストを最小限に抑えた無人店舗が増えつつあります。また、商品だけを店内に並べて、QRコードで商品の詳細を読み込み、キャッシュレスで購入し、後日、自宅に商品を届けてもらう無人販売サービスも登場しています。

今後、無人店舗が増えれば、設置するカメラやセンサーのコストも下がり、スタッフのいないお店がさらに増えていく可能性があります。一方、無人店舗での万引きや持ち逃げも増えており、セキュリティ面でのさらなる改善が必要と言えます。

景気が低迷すると治安も悪くなることから、設置場所と時期の選定は慎重に検討する必要があります。

事例69

市販のシステムをフル活用して低コストの無人店舗を実現

マンハッタンストア ムジン > https://www.mstore-mujin.jp/

子ども服を取り扱うアパレル店「マンハッタンストア ムジン」は、24時間営業の無人店舗として人気を集めています。顔認証やキャッシュレス決済のシステムは市販のものを利用することで、初期コストを最小限に抑えているのが特徴です。また、会員登録制を導入し、素性のわからない人が来店できない仕組みを取り入れている点も、無人でありながら、高いセキュリティが確保できているポイントと言えます。

事例70

天然マグロの自動販売機

山崎食品 > https://www.y-maguro.jp/

マグロの加工、販売を手掛ける株式会社山崎食品は、自社の敷地内にマグロの自動販売機を設置して、「まぐろたたき」や「まぐろ刺身」「まぐろ寿司」を販売しています。自動販売機を利用すれば、人の手を煩わせることなく直売ビジネスを展開することが可能になり、ユニークな売り方を採用することで、集客効果を高めることができます。

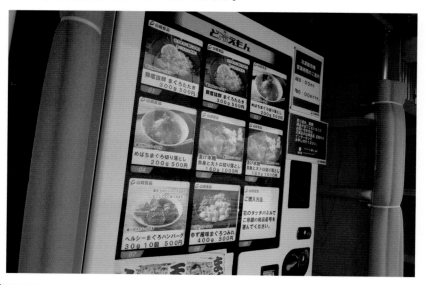

43 | こども食堂

> **SDGs取り組みやすさ度** ＞ ★ ★ ☆ ☆ ☆

人手が必要な事業。地域に貢献するボランティア精神も必要。運営を軌道に乗せるまで時間がかかる。

＞ 子ども食堂の支援で、子どもたちの未来を作る

「子ども食堂」とは、子どもやその親、地域の人々に対して、無料、または安価で栄養のある食事を提供するための社会活動のことをいいます。貧困家庭や孤食の子どもに食事を提供し、安心して過ごせる場所を作ることで、SDGsの「ゴール1・貧困をなくそう」「ゴール2・飢餓をゼロに」「ゴール3・すべての人に健康と福祉を」の3つの目標を達成することが可能になります。

運営は、NPO法人、住民による有志、個人などさまざまです。「食事を提供する」というシンプルな仕組みのため、ボランティアが参加しやすい活動と言えます。

一方、子ども自身が「貧困だと思われる」という理由で、子ども食堂に行きたがらない問題も発生しています。同じような理由で、親が子ども食堂に行くことを止めるケースもあり、サービスを提供したい人達に食事をしてもらうことができない事案も少なからず起きています。

そのような問題をクリアするために、子どもたちに学習の時間を設けて、その合間に食事を出したり、高齢者と一緒に食事をする機会を作ったり、工夫を凝らしながら、子ども食堂を運営する団体が増えています。

＞ 子ども食堂の持続化には企業の支援が不可欠

子ども食堂は、企業としても支援しやすいSDGsの活動の1つです。たとえば、食材の余剰在庫を寄付したり、人員の支援をおこなったりすることで、子ども食堂の運営をバックアップすることが可能です。

地域に根差したSDGsの活動をすることで、お客から信頼してもらえるようになり、支援に参加した社員も、人を思いやる気持ちを自然に学ぶことができます。

ほかにも、飲食店のスタッフが調理の方法を指導したり、ホテルで働く社員が

サービスや接客の方法をアドバイスしたり、“お客様”を相手に培ってきたビジネスの経験は、子ども食堂の持続化には欠かせないノウハウになります。

事例71

あえて補助金を利用しない支援活動

しゅくだいカフェ ＞ https://syukudai-cafe.net/

大阪市東淀川区で子どもたちに学校の宿題をする場を提供する「しゅくだいカフェ」。宿題を確実に終わらせて帰ることで、家に帰ってからの夜の2時間を有意義に過ごしてもらう活動をしています。子どもや親からは料金を徴収せず、“月額サポーター”という形で、個人や法人から寄付をつのり、運営費や勉強を教えてくれる先生の費用を捻出しています。補助金で賄う事業は、補助金が打ち切られてしまうと、その時点で事業の継続ができなくなります。持続的なSDGs活動をおこなうためには、補助金を活用しない民間企業のビジネスのアイデアが求められます。

44 | 副業

> **SDGs取り組みやすさ度** ★ ★ ★ ★ ☆
>
> 専門性の高い業務、および単調な業務は副業者に委託。社内でも副業を解禁する。

＞ 副業の推奨は持続可能な社会に直結する

　働き方改革や在宅ワークの普及で、副業は私たちの生活において非常に身近なものになりました。副業に取り組むことは、SDGsの「ゴール1・貧困をなくそう」や、「ゴール5・ジェンダー平等を実現しよう」など、さまざまな目標を達成することができるため、持続可能な社会を構築するうえで必要不可欠な経済活動と言えます。

　企業が副業を推進するメリットとしては、下記の点が挙げられます。

・スキル、知識、経験が向上して社員の質が高まる
・スポットで特殊な能力や技術を持つ人材を採用することができる
・副業を通じて仕事のやりがいを再確認し、本業の仕事に主体的に取り組めるようになる
・副業が認可されることで収入が安定し、社員の定着率が高まる
・「副業を解禁している企業で働きたい」という、労働意欲の高い人材を採用することができる

　一方、個人が副業をおこなうメリットは下記の点です。

・収入が増える
・本業では得られないスキルを身につけることができる
・やりたい仕事にチャレンジすることができる

　コロナを機にオンラインで仕事ができるようになり、以前よりも副業がしやすい

環境が整いました。しかし、副業に携わることで従業員の労働時間が増加し、企業では健康管理が難しくなっていることも新たな課題として挙げられています。

事故やトラブルが発生した場合、本業の会社側が対処するのか、それとも副業を依頼した会社側が対処するのか、労災の線引きに関しても、企業が積極的に解決に向けて取り組んでいく必要があります。

副業は、低コストで始められて、なおかつ、余裕のある納期で取り組める仕事が理想と言えます。報酬を目的にした副業よりも、自分が「やりたいこと」を副業にしたほうが、比較的長続きする傾向があります。

おもな副業は下記になります。

- ・記事作成
- ・ホームページ作成
- ・ブログ作成
- ・SNSの代行運用
- ・動画編集
- ・Excel（エクセル）の資料作成
- ・PowerPoint（パワーポイント）のレジュメ作成
- ・イラスト制作
- ・翻訳
- ・ネットショップ運営の代行
- ・悩み事相談
- ・コンサルティング

優秀な副業者を見つけるのではなく"掘り起こす"

副業者を活用するコツは、企業側と副業者側で積極的にコミュニケーションを取ることです。社内スタッフや普段から取引のある会社であれば、10のうち5ぐらいのことを伝えれば想定内の仕事をしてくれますが、副業者は理解力や経験に差があるため、10のうち8ぐらいのことを伝えなければ、自分が想定しているレベルの仕事をしてくれないと思ったほうがいいでしょう。

また、副業者はフリーランスという自由な職業の性質上、予定期間内に依頼した仕事を仕上げてこなかったり、指示どおりに仕事をしてくれなかったり、コントロールしにくい点が多々あることも考慮しなくてはいけません。ある程度の失敗の経験を積まなければ、副業者をコントロールするスキルは身につかないと思ったほうがいいと思います。

業務をできるだけ簡素化し、だれでもすぐに仕事が取り組めるマニュアルを構築することも大切です。単調な業務を多くの副業者に取り組んでもらい、その中で真面目に業務を遂行してくれる人がいれば、その副業者に社員並みの権限を与えることが、副業者の高いスキルを活用するポイントになります。

事例72

ネットショップの運営者を副業で採用

日野製薬 ＞ https://hino-seiyaku.com/

製薬製剤メーカーの日野製薬株式会社では、ネットショップの運営者を副業で採用し、業績を伸ばしています。長野県の木祖村という山深いところに本社を構えていることから、常勤スタッフの採用が難しく、ネット通販の知識と経験のある副業者の力を借りて、Eコマース事業を運営しています。ネット関連の人材は都心部に集中しやすく、地方都市での採用が難しいのが現状です。専門職の人件費も高騰しているため、スポットでスキルの高い副業者を採用するのも一手です。

45 ワーケーション

SDGs取り組みやすさ度 ★★★☆☆

取り組みは容易だが、企業側の金銭的な支援と宿泊施設側の労働環境の整備が必要。

> 地方都市の活性化と働き方改革を同時に解決する

「ワーク」と「バケーション」を組み合わせた「ワーケーション」という造語は、観光地でテレワークを活用しながら、休暇を取る過ごし方のことを意味します。コロナを機に働く場所が問われなくなったことで、ワーケーションという新しい働き方が少しずつ認知され始めています。これらの活動は、SDGsの「ゴール8・働きがいも経済成長も」や、「ゴール11・住み続けられるまちづくりを」などに該当し、地方都市や観光地の活性化の一助にもなっています。

ワーケーションには、下記の4つのパターンがあります。

①休暇活用型（休暇をメインにして、空いた時間で仕事をする）
②日常埋め込み型（テレワークを活用して、場所に縛られず働く）
③プレジャー型（出張の前後に観光やレジャーを盛り込む）
④研修型（温泉地やリゾート地でチームや部署単位で研修やミーティングをおこなう）

ワーケーションのメリットは、リフレッシュしながら業務に取り組める点です。非日常の空間にいることで、新しいアイデアが生まれやすくなり、クリエイティブな業務や経営戦略を構築する業務に適していると言えます。環境を変えることで、忙しくてコミュニケーションが取れなかった仕事仲間とも会話を増やすことができて、対人関係を潤滑にし、スムーズに業務を進める環境を整えることにも貢献します。さらに、ワーケーションを利用することで、有給が取りにくかった社員も、平日と休日を組み合わせて長期旅行に行きやすくなる利点もあります。

ワーケーションは受け入れる観光地や宿泊施設側も、平日や閑散期に集客が見込めるほか、空いている研修室や会議室を有効的に活用できるメリットがあり

ます。地方都市や観光地の活性化と、社員の労働環境の改善の2つの課題が同時に解決できるワーケーションは、新しい経済活動として注目されています。

> なぜ、企業のワーケーションは失敗するのか？

　一方、ワーケーションには解決しなくてはいけない問題も多々あります。ネット環境が不十分だったり、机やイスが長時間のデスクワークに耐えられるものではなかったり、受け入れる側のワーケーションに対する体制が万全ではないことは否めないところがあります。

　企業側としても、遠方で仕事をしているために労働時間の管理が難しく、仕事内容によっては情報漏洩によるセキュリティの問題なども抱えています。

　また、仕事中に子どもを預けられる施設が完備されていたり、仕事をしている本人以外の家族が楽しめるアクティビティが充実していたり、「ワーケーション」という文化を浸透させていくためには、企業側と受け入れる側の双方で意見交換をしながら、改善を繰り返していく必要があります。

　ワーケーションを成功させるためには、大掛かりな活動をいきなり始めるのではなく、できる人、できる部署から小さく始めていくことがポイントになります。出てきた課題を1つ1つ改善しながら、企業や受け入れ先の宿泊施設と協力し、ワーケーションを一緒に成長させていく段階的なプロセスが求められます。

　また、仕事の内容や休暇の取り方は個人によって千差万別なため、ワーケーションの統一したルールを「あえて作らない」というのも一手です。人それぞれの働き方があるので、それにあわせて柔軟に対応していくことも、ワーケーションの成功には必要な要素と言えます。

ワーケーションの費用を企業が一部負担

e-Janネットワークス　函館サテライトオフィス > https://www.e-jan.co.jp/

法人向けのリモートアクセスサービス「カチャット」の開発と販売を手掛けるe-Janネットワークス株式会社。函館にあるサテライトオフィスでは、東京本社で働いている環境にできるだけ近い状況にするために、デスクとイスとモニターは同じものを使用しています。ペーパーレス化とシステム化によって遠隔地でも仕事ができるように業務内容を整備し、ワーケーションの費用を会社が一部負担して、スタッフの函館のサテライトオフィスの利用を支援しています。地方都市のサテライトオフィスは、採用の際の魅力的なコンテンツにもなり、有事のバックアップにもなります。今後、ワーケーションという形で、地方都市にサテライトオフィスを構える企業は増えていくことが予想されます。

46 シェア店舗、シェアオフィス

SDGs取り組みやすさ度 ▶ ★★☆☆☆

シェアをする企業や仲間を探すのがひと苦労。細かいルールを決めなければトラブルが発生する可能性も。

＞ 商売のリスクを最小限にするSDGs

　不景気になると、小さなビジネスは継続すること自体が困難になります。家賃や人件費、在庫などのランニングコストが重くのしかかり、場合によってはキャッシュが回らなくなり、借入金を抱えたまま廃業してしまう恐れもあります。

　事業に失敗することで貧困層に陥る人も多く、売れなくなった商品は破棄処分することでたくさんのごみを排出することになります。店舗が閉店することで空きテナントが増え、商店街の活気がなくなっていくことも社会問題化しています。ビジネスに失敗することは、SDGsの活動に多大な影響を与えることでもあり、持続可能な社会を目指すうえで、ブレーキをかけてしまうことにもつながってしまうのです。

　「シェア店舗」や「シェアオフィス」は、オーナー同士でオフィスやお店を共同で運営する経営スタイルのことを言います。家賃や機材、従業員やネット環境などを、複数人、複数社で共有することで、経営リスクを最小限にする手法が注目されています。

　たとえば、中華や和食、フレンチの各調理人が1つの飲食店を日替わりで運営したり、夕方から夜にかけて利用される学習塾で、昼間はヨガ教室を開催したり、1つの場所を複数の経営者で管理運営することで、ランニングコストを抑えることが可能になります。また、人材派遣会社とホームページ制作会社が事務員を共有し、同じオフィスで仕事をするシェアオフィスの形態は、人材や機材を共有することで固定費を抑え、景気に左右されない安定した経営を実現することができます。

＞ ビジネスそのものがSDGsに反している？

　シェア店舗やシェアオフィスは、規模や従業員数の拡張ができないために、大きく売上を伸ばすことが難しい一方で、自分の仕事のやりがいに重点を置いて、

マイペースで仕事ができるメリットがあります。

　売上を伸ばすために従業員を無理に働かせたり、利益を出すために環境や健康に良くない安い原材料を使用したり、じつのところ「経営」そのものが、SDGsに反した活動である一面もあります。その点を考えると、ノルマや支払いに追われる経営スタイルよりも、自分のペースで働ける環境を整えることのほうが、持続可能な社会において、理にかなったビジネスの取り組み方と言えます。

　大きなリスクを自分1人で背負い込み、365日仕事のことを考え続ける生き方は、今の若い起業家には受け入れられないところがあります。「お金はいらないから、好きな時に好きな仕事をさせてほしい」という考え方が、Z世代やミレニアム世代に支持される経営者像と言えるのかもしれません。

　SNSで人脈を作り、クラウドファンディングで資金を容易に集められることから、好きな商品を好きな人同士で売るシェア店舗、シェアオフィスのスタイルは、今後、普及していく可能性は高いと思われます。

　ビジネスで重要なことは儲かることではなく、夢を叶えることだったり、レジャーや仲間を作る一環だったり、SDGsの広まりとともに、商売に対する考え方も大きく変わっていくのではないでしょうか。

事例74

週2日しか営業しない自家製ファラフェルサンドのお店

Le Bec(ル ベック) > https://instagram.com/lebec2022

東京都小金井市にあるシェアカフェ「八方知人」で、金曜日と土曜日にお店を構える「Le Bec(ル ベック)」。ひよこ豆にハーブとスパイスを加えて作るコロッケを挟んだファラフェルサンドを提供し、地元客にも人気のお店です。オーナーは料理を作ることが好きで、売上を伸ばすことはあまり意識していないとのこと。自分のペースでお店が運営できるスタイルは、仕事よりもプライベートを重視したい今の若い世代にとって、理想の経営スタイルと言えます。

本が好きな人に本棚を貸す本屋さん

ブックマンション > https://twitter.com/bookmansion

吉祥寺駅から徒歩5分のところにあるブックマンションは、本好きの人が縦横32㎝の本棚スペースを月額で借りて、本を販売する新しいスタイルの書店です。10坪ほどの店内の本棚は、約70人のオーナーに貸し出されており、自分の売りたい本、読んでほしい本がズラリと並べられています。本棚を借りている人たちがSNSを使って宣伝し、空いている時間に店番をしてくれるので、人件費と広告費は発生しません。また、お店の家賃は各オーナーが月額で支払ってくれて、在庫も抱える必要がないので、経営する側にはリスクが一切ありません。現在、ブックマンションの経営スタイルはカフェやホテル、商店街の空きテナントでも活用されており、"本棚を人に貸し出す"という新しい本の販売スタイルが世の中に浸透しつつあります。

47 代行サービス

> **SDGs取り組みやすさ度** > ★ ★ ★ ★ ★
>
> さまざまな業種で「代行」のサービスが存在している。始めるコストや手間も最小限で済むのも魅力。

> 家事は女性がやるものではない

　家事や育児などの「代行サービス」が人気です。共働きの家庭が増えたことで、家事代行サービスの需要は年々高まっています。

　家事を代行してもらうことで、日々の生活にゆとりが生まれます。特に体調がすぐれない時や仕事が忙しい時などは、自分の代わりに身の回りのことをしてくれるので、精神的な負担が軽減されます。

　家事全般はいまだに「女性がやる仕事」と認識している人が多く、仕事と家庭を両立しなくてはいけない女性の場合、日々の家事に追われることが、肉体的にも精神的にも大きなプレッシャーとしてのしかかってきます。

　そのような時代背景の中、代行サービスはSDGsの「ゴール5・ジェンダー平等を実現しよう」の目標達成に必要であり、女性の社会進出を支援する意味でも、代行サービスの普及は急務と言えます。

> 参入障壁が低い分、アイデア1つでユニークな
ビジネスが構築しやすい

　今後、シニア層の増加に伴い、家事以外の代行サービスも増えていくことが予想されます。運転や買い物の代行をはじめ、墓参りやペットの散歩代行など、身体に無理がきかなくなった高齢者の代わりに動いてくれるサービスは、需要が拡大していくと思われます。

　これらの代行サービスは、特殊なスキルを必要としないため、異業種の企業が新規ビジネスとして参入するケースが多く見受けられます。本業のサービスの補助的なビジネスとして始めたり、社内の人材を有効活用するための新規事業として参入したり、代行業はだれでもかんたんに始められる分、アイデア1つでユニー

クなビジネスモデルが構築しやすいのも特徴と言えます。

　一方、参入障壁が低い分、価格競争に陥りやすい難点もあります。代行費用を比較するサイトも多く、サービス面で特徴を打ち出さなければ、新規客の獲得が難しいビジネスと言えます。独自で事業を開業する場合は、SNSやホームページでサービスを告知し、ネット広告を活用する必要もあり、ほかの業界と同じように、高いネットの販促スキルが求められます。

　しかし、一度でも利用してもらえればリピートしてくれる確率が高いビジネスでもあるため、新規顧客の獲得コストにどれだけ投資できるかが、売上を伸ばすための重要なポイントになります。

事例76

家事代行を会社の福利厚生として導入しやすく

タスカジ > https://corp.taskaji.jp/

家事代行マッチングサービスを手がける株式会社タスカジは、企業の福利厚生として家事代行サービスを利用できる仕組みを提供しています。企業が利用料の一部〜全額を負担するプランに加え、企業の負担なしで利用できる従業員向けの割引プラン、結婚や出産などのタイミングでギフトとして提供できるプランも用意しています。敷居が高く感じられがちな家事代行サービスを利用しやすくすることで、共働き家庭をはじめとするさまざまなライフスタイルの家庭を支援しています。また、家事負担の軽減により新たな時間を生み出すことで、個人のキャリア形成の支援にもつながっています。

障がい者と企業のそれぞれが強みを活かせる代行サービス

みんなの代行 ＞ https://minnano-daikou.com/reason/

製造業である株式会社glowfは、障がい福祉施設と連携し、梱包、発送、検品などの作業を代行する「みんなの代行」を運営しています。障がい者の方の得意不得意をふまえ、働きがいを見出せるように業務設計をしつつ、発注元の企業が強みとなる仕事に集中できる環境づくりに貢献しています。さらに、障がい者の方へ仕事を依頼するノウハウや経験を企業に提供することで、障がい者の方を雇用する仕組みづくりにも力を入れています。

5

小さな会社でも利益を生み出せるSDGsの新規ビジネス

電気自動車は本当に環境にやさしいのか?

＞充電スタンドがお客を呼んでくれる

　日本政府は2020年12月に制定された「2050年カーボンニュートラルに伴うグリーン成長戦略」の中で、新車で販売する乗用車の電動車比率を、2035年までに100%にする目標を掲げています。"電動車"の中にはハイブリッド車、プラグインハイブリッド車(PHEV)、燃料電池車(FCV)なども含まれていますが、2035年以降はガソリンとディーゼル車の新車販売はできなくなります。

「電気自動車＝地球に優しい」というイメージは、すでに消費者の間で根付いており、SDGsの中でも、電気自動車の導入は比較的、取り組みやすい活動の1つです。「ゴール7・エネルギーをみんなに そしてクリーンに」や、「ゴール9・産業と技術革新の基盤を作ろう」など、さまざまなSDGsの目標をクリアできることから、電気自動車をはじめとした電動車を、営業車両や配達車両として導入する企業も増えています。

　電気自動車の普及に伴い、小売業や飲食店で注目されているのが、充電スタンドの設置です。充電スタンドを目当てに電気自動車のドライバーが来店してくれるようになり、充電することで店内の滞在時間が伸びるため、客単価の向上も見込まれます。

　充電スタンドがどこにあるのかスマホの地図で探す人も多く、来店する予定のなかった人を集客できるのは、充電スタンドを設置するメリットと言えます。

　充電するために一度でもその施設を利用すれば、その後も「充電しよう」と思った際に、真っ先にお店の場所を思い出してくれるようになるので、引き続きリピートして来店してくれる可能性が高くなります。また、充電スタンドが企業やお店に対して環境に配慮したクリーンな印象を与えてくれるので、イメージアップの戦略にもひと役買ってくれます。

　充電スタンドの設置費用は、電気自動車の普及とともに年々下がっており、補助金などを利用すれば、さらに少ない投資で設置することができます。

› 電気自動車をきっかけにSDGsを真剣に考える

　一方、「電気自動車は本当にSDGsに貢献するのか?」という意見があることも理解しておく必要があります。生産段階における電池製造では大量の電気を必要とし、電気を発生させる火力発電も大量のCO_2を排出することが指摘されています。原子力エネルギーを使用することも、安全性の面から時間をかけた議論が必要なため、電気自動車の環境に関する問題の解決にはしばらく時間がかかりそうです。

　また、電気自動車は走行におけるCO_2の排出量は少ないものの、製品のライフサイクルでみれば、ガソリン車よりも負荷が大きいことも問題視されています。自動車の電動化がSDGsの活動においてすべて「正解」というわけではなく、世界経済における日本の立ち位置や、各国の自動車メーカーの思惑なども考慮しながら、消費者は今後の電気自動車の未来を考えていく必要があります。

第 **6** 章

10年後の
顧客づくりのための
ＳＤＧｓ長期戦略

48 地域貢献

SDGs取り組みやすさ度	★ ★ ★ ★ ★

地域内の清掃活動やボランティア活動の実施。手間も時間もコストもかからず、すぐに実践できる。

＞ 地元愛が地域ナンバーワン店舗を生み出す

　　企業やお店が地域の活性化に貢献していると、店名や商品名を覚えてもらいやすくなります。そのような企業は競合他社と価格で比較されない、地域ナンバーワンの店舗として、ブランディングを確立していくようになります。

　　地域貢献に力を入れるお店が増えることは、SDGsの「ゴール11・住み続けられるまちづくりを」や、「ゴール8・働きがいも経済成長も」の目標達成にもつながります。

　　地域に貢献する活動は多々あります。経営者同士の勉強会を取り仕切ったり、自社の商品を地域の子どもたちに無料配布したり、"地元のお店"というポジションをフル活用して、経済活動を活性化させることができます。

　　ほかにも、清掃活動や防災訓練、お祭りやイベントに協力することで、地域全体が活気づき、地方都市でも都心部に負けない消費の波を作り出すことができるようになります。

＞ 「縁の下の力持ち」では 売上に貢献するSDGsにはならない

　　地域貢献を通じて企業名や商品名を覚えてもらうためには、「継続」と「アピール」が必要です。継続しなければ地域のお客に名前を刷り込むことはできないですし、アピールしなければ地域活性のために頑張っていることが伝わらないので、ビジネスにつなげることができません。

　　地域貢献のようなボランティア活動は"さりげなくやること"が美徳だと思われていますが、自社のビジネスとの関わりを考えるのであれば、積極的に店舗名や会社名を知ってもらうための活動が必要です。たとえば、企業名の入ったジャンパー

を着て活動したり、地域貢献のイベントをメディアに持ち込んで多くの人に店舗名を知ってもらったり、積極的なアピール活動があってこそ、売上にも貢献するSDGsの活動につながっていきます。

　会社名や商品名を知ってもらうためには、多くの宣伝広告費が発生します。しかし、地域貢献の活動にはほとんどお金がかかりません。手間と時間をかけた地域貢献こそ、地域で愛されるブランディング戦略に直結していくのです。

事例78

「5つのえこひいき」で自転車を通じて地域貢献

ヨコタサイクル ＞ https://yokota-cycle-toyohashi.jimdofree.com/

愛知県豊橋市で100年以上続く老舗の自転車販売店「ヨコタサイクル」では、コンプレッサーによる空気補充やチェーンへの注油、出張修理や代車サービスなど、「無料の5つのえこひいき」を掲げて、地域のお客に自転車を通じて地域貢献しています。地元の人たちは小さい頃からヨコタサイクルのサービスを受けてきたこともあり、「自転車を買うならヨコタサイクル」という流れが自然にできあがっています。アフターサービスは地域貢献とつながりやすいことから、"売った後"の顧客対応を強化することが、地域ナンバーワン店舗になるための条件と言えます。

地域が元気になる活動が、最終的に自分の商売に返ってくる

7-Colors 鶴岡ガラスアート工房 > https://www.7colors-art.com/

山形県鶴岡市で記念品やギフト品を制作する「7-Colors 鶴岡ガラスアート工房」。オーナーの阿藤淳一さんは、地元企業のイベントを取り仕切ったり、セミナーや勉強会を開催したり、地域貢献に力を入れる1人です。本人は何かリターンを期待して活動しているわけではなく、その献身的な活動が地元経営者の信頼の獲得につながり、企業や店舗からの記念品やギフト品の受注につながっています。

49 ｜ 職業体験

SDGs取り組みやすさ度 ＞ ★ ★ ★ ☆ ☆

職業体験を受け入れたくても事業内容や規模によって受け入れられないケースも。

＞ 職業体験は未来の人材と顧客を育てる

　小学生や中学生を対象にした「職業体験」は、地域の生活や街の活性化に欠かせない役割を担っています。子どもたちができる仕事はかんたんな作業や掃除ぐらいしかありませんが、経営者やスタッフがお店の業務内容や仕事への思いを伝えることは、地域の経済や産業を知ってもらうための貴重な学びの機会になります。

　地域への愛着を深めることにもつながり、SDGsの「ゴール8・働きがいも経済成長も」や、「ゴール11・住み続けられるまちづくりを」などの目標を達成できることにもなります。

　職業体験は子どもたちの記憶に深く刷り込まれるため、その後の消費活動やサービスの利用に大きな影響を与えます。同時に、その子どもたちの親も企業名や店舗名を認知する機会にもなるので、口コミで情報が広がるきっかけにもなります。

　中学生の職業体験の場合、数年後には自分の会社で働いてくれる人材にもなる可能性があります。地域の企業やお店の仕事を体験することは、未来の顧客や人材を育てることに直結するのです。

＞ 子どもたちの忖度のない意見はお店の改善につながる

　スタッフにとっても、職業体験は貴重な学びの場になります。子どもたちに日々の仕事の内容を教えることで、業務内容を再確認できたり、自分自身の職務を客観的に見直す機会につながったり、仕事に対してやりがいや誇りを持つきっかけづくりにもなります。

　受け入れる企業側の注意点としては、子どもたちとの会話が一方通行にならないように心がけることです。常に疑問や質問に答えてあげて、教えたことができた

時は、積極的に褒めてあげるようにしましょう。また、子どもたちの親への影響も意識して、誤解されるような行動や発言には十分気をつけるようにしましょう。

　子どもたちの忖度のないリアルな感想は、商品やサービスの改善につながります。相手が子どもだからといって油断せず、大切な消費者の1人だという認識を持ったうえで接する必要があります。

事例80

デジタル業界の職業体験施設

REDEE > https://redee.game/

ゲームで学ぶデジタル教室「REDEE」は、プログラミングをはじめ、ゲーム制作やドローンの体験ができる日本最大級の体験型デジタル教育施設です。小学生から高校生まで幅広い年齢層を対象にしており、職業体験の提供が難しいIT企業にとって、仕事の内容を知ってもらえる貴重な場と言えます。小学生のデジタル教育がすすむ中、地元のIT企業も職業体験として子どもたちを受け入れていく体制を整える必要があります。

事例81

近隣のこどもたちに仕事を見せて将来の職業の選択肢に入れてもらう

スリーハイ ＞ https://www.threehigh.co.jp/

工業用ヒーターを製造している株式会社スリーハイでは、東山田準工業地域にある町工場を巡る「こどもまち探検」を2013年から開催しています。毎回、約80の町工場の中から3社ほどを選び、社長や社員が工場内を案内するとともに、間近で職人の作業を見学します。近隣にありながら接点が少ない小学校の子どもたちが地域に愛着を持ち、将来の職業の選択肢に「製造業」を入れてもらうことにつながっています。

50 子ども無料

> SDGs取り組みやすさ度 ＞ ★ ★ ★ ★ ★

期間や人数を限定して子ども料金を無料にする。従業員の子どもや、近隣の子どもを対象にした無料サービスでもOK。

＞ SDGsの目標の多くは、子どもの未来のために掲げたものである

　子どもの生活を守る取り組みは、すべてのSDGsに関わる行動と言えます。貧困、飢餓、平等、健康、教育など、持続可能な社会を作るためには、子どもたちが住みやすい環境を整えることが企業の役割と言えます。

　そのような中、「子ども無料」というサービスは、わかりやすいSDGsの取り組みの1つです。市内や町内の子どもに無料開放する施設や、親子で参加できる無料体験教室、入学式や運動会の時に無料配布する記念品やプレゼントなど、子どもたちが「この町に住んでよかった」と思える無料サービスを提供することが、地域の未来を明るくする企業活動となります。

　子ども向けの無料イベントを成功させるためには、地域のイベントと重ならないようにスケジュールを調整する必要があります。運動会や定期テストなどの学校行事と日程が重なってしまうと、地域の子どもたちが参加できなくなります。商圏の学校行事をひととおり把握したうえで、企業のイベント日を決める必要があります。

＞ 子ども向けのイベントは宣伝し過ぎると逆効果

　夏休みや年末にイベントを開催すると、家族旅行などで、先に予定が組まれてしまう可能性もあるので、開催の1ヶ月前にはホームページやチラシでイベント日を告知したほうが得策と言えます。また、子ども向けの無料イベントはメディアにも取り上げられやすいことから、プレスリリースを配信すると、より参加者が集めやすくなります。

　一方、「子ども無料」のイベントは、親子連れの参加者が殺到する可能性が高く、「せっかく来たのに参加できなかった」という事態が発生することが予想され

ます。参加人数が限られるイベントの場合、事前予約制にしたほうが当日のトラブルを最小限で済ませることができます。また、イベント当日は参加枠や配布物に少しゆとりを持たせて、当日の飛び入り参加でも対応できるようにしておけば、参加者の不満やクレームは起きにくくなります。

　子どもたちに無料で参加してもらったり、配布したりするイベントは、企業の販促活動の一環であることも忘れてはいけません。参加者に商品やサービスに触れてもらったり、配布する商品に企業名を入れたり、商品や店舗名を知ってもらうための施策が必要です。

　ただし、宣伝行為をやり過ぎてしまうと、せっかくのSDGsの取り組みもお客に穿った目で見られてしまう恐れがあります。子ども向けの地域貢献イベントでは、企業の宣伝活動は"ほどほど"に留めて、主役の子どもたちに楽しんでもらうことに集中したほうが、後々の顧客の獲得につながっていきます。

事例82

社員の家族を招待する「ファミリーデー」

コンカー > https://www.concur.co.jp/

経費管理クラウドなどを提供する株式会社コンカーでは、従業員の子どもたちを招待する「ファミリーデー」を開催。当日は配られたコインを使って縁日の綿菓子機、かき氷機、射的や輪投げなどで遊べるのですが、コインを使い終わっても経費精算をすればコインが戻ってきてまた遊べるという仕掛けで、親の仕事への理解を深められるようになっています。従業員の家族の絆を強めることは、企業にとって一番身近なSDGsの取り組みと言えます。

事例83

子どもだけの環境で経済の実践的な学びが得られる

キッズフリマ > https://kids-fm.jp/

NPO法人キッズフリマは、子どもだけが参加できるフリーマーケット「キッズフリマ」を主催。本物のお金を使ってモノを買うだけではなく、子ども自ら出店者となってモノを売る立場になることで、お金の扱い方やリユース意識、コミュニケーション能力を磨くことができます。身近なテーマから子どもが参加できる場をつくることが、息の長い子どもたちへのSDGsの活動になります。

51 | コンテスト開催

> **SDGs取り組みやすさ度** ★ ★ ★ ★ ☆
>
> 募集と審査と発表に多少の手間がかかる。コンテストが盛り上がらなければ逆効果なので要注意。

＞ 自社のホームページやSNSを見てもらえる機会を増やす

SDGsの取り組みを消費者に認知してもらうために、コンテストを開催するのも一手です。SDGsを啓蒙するポスターや写真、体験談や作文、アイデアコンテストなど、消費者のSDGsに対する意識を高める活動は、企業名を認知してもらう機会にもつながります。

コンテスト関連のイベントは、プレスリリースを配信すればメディアに取り上げられやすい販促企画の1つです。また、応募や発表を通じて、多くの人に自社のホームページやSNSを見てもらえる機会を増やすことができるので、企業の情報発信にも貢献します。参加者もコンテストを通じて、SDGsを真剣に考える機会にもなり、啓蒙活動としても有効な手段と言えます。

コンテストの審査員には、SDGsの専門家を招待するといいでしょう。SDGsのNPO法人にも協賛してもらい、本格的なコンテストであることをアピールしたほうが、参加者のSDGsに対するモチベーションも高まります。

＞ 開催するだけで「SDGsに取り組んでいる企業」という認知が広まる

夏休みの自由研究や工作を意識したコンテストも人気です。たとえば、海や山で拾ったごみでアート作品を製作したり、間伐材で家具やインテリアを作ったりするイベントは、親子連れが参加しやすい販促企画と言えます。

コンテスト関連のイベントは、継続してはじめて消費者に認知されるものです。開催回数を重ねると権威が高まり、メディアの露出も年々上がっていきます。企業としても、SDGsの取り組みをわかりやすく消費者に伝える効果的な手法と言えます。

事例84

SDGsの活動を川柳で盛り上げる

コープさが生活協同組合 > https://www.saga.coop/

コープさが生活協同組合では、「我が家のSDGs川柳＆写真コンテスト」を開催しています。2021年におこなわれた第2回の大会では、川柳部門に247人、写真部門に41名の方が応募して、コンテストを大いに盛り上げてくれました。川柳は近隣の4つの小中学校からも募り、各部門に商品と賞状を用意し、最優秀賞にはクオカード5000円に加えて、自社のエシカル商品を副賞として進呈しています。入賞作品にはSDGsのゴールのマークをつけて、ブログで発表。コンテストの終了後にも、多くの人に作品を閲覧してもらう工夫が施されています。

間伐材のコースターを通じて子どもたちとつながる

石井造園 > https://www.ishii-zouen.co.jp/

石井造園株式会社が開催した「SDGsオリジナルコースターコンテスト」は、間伐材を利用したコースターに絵を描いてもらうユニークなイベントです。横浜市内の学校にコンテストの案内をしたところ、小学校70校、2108名からの応募があり、作品はパシフィコ横浜で開催されたサステナブルのイベントで展示されました。このような企画は、先生や家族がSDGsや地球温暖化について真剣に考える機会にもつながり、地元の地域作業所に研磨の仕事を発注するなど、企業にとっても社会貢献度の高いイベントになります。

52 | 自然・文化の保護

SDGs取り組みやすさ度 > ★ ★ ☆ ☆ ☆

公共の施設や団体の協力が必要なイベント。参加者の募集と当日のとりまとめに苦労することも。

> ## 企業でも取り組める自然や文化の保護活動はたくさんある

　自然や文化を保護する活動は、SDGsの「ゴール15・陸の豊かさを守ろう」や「ゴール4・質の高い教育をみんなに」の目標達成に関連します。

　自然の保護であれば、住宅メーカーが植林を通じて山を管理する大切さを子どもたちに伝えたり、文化の保護の場合は、市町村が歴史的建造物を保護したり、企業の自然や文化を維持する活動は、全国各地でさまざまな形でおこなわれています。

> ## 保護活動はSNSのコンテンツと相性がいい

　一方、小さな会社では、自然や文化の保護に取り組むことは難しいのが現状です。しかし、そこで諦めるのではなく、ほかのSDGsの活動と同様、まずはできることから取り組むことが、サステナブルな行動には必要です。

　たとえば、地域内の清掃活動や美化運動のポスターの掲示、専門家を招いた自然保護のセミナーや勉強会などは、小さな会社でも取り組みやすい活動と言えます。ブログやSNSを通じて活動報告をおこなうことで、地域のために貢献している企業としても認知されるようになります。

　海や森の自然保護に配慮した商品を開発したり、売上の一部を自然保護団体に寄付したり、企業が保護活動に取り組む方法は多岐にわたります。

　おもな自然の保護活動は、以下のものです。

・海や森の環境に配慮した商品の製造販売
・地域で絶滅しそうな動植物の保護活動

・山や海、川の清掃活動
・森や水に関する出張授業の開催
・売上の一部を自然保護団体に寄付

　また、おもな文化の保護活動は、以下のものです。

・祭礼などへの寄付、および人的支援
・伝統工芸技術の継承
・地域の食文化の維持
・景観を守るための美化運動
・地域の文化遺産のセミナーや勉強会の開催

　企業の話題づくりとしても、自然や文化の保護は取り組みやすいテーマと言えます。創業当初の"復刻版"の商品を限定販売したり、自社の敷地内にビオトープを作ったり、SNSや動画と相性がいいコンテンツも多いです。情報発信も含めて、できる範囲で自然や文化を保護する企業活動が、やがて大きなSDGsの取り組みへの流れを生み出していくのです。

昆虫の書籍展開で戸田市の環境保全をバックアップ

未来屋書店 北戸田店 ＞ https://www.miraiyashoten.co.jp/

未来屋書店 北戸田店には、昆虫の本がズラリと並ぶ一角があります。昆虫が好きなスタッフが熱心に作ったコーナーですが、この売場を目当てに昆虫ファンや昆虫学者などが店舗に訪れて、Twitterなどを通じて情報発信しています。それらの投稿を見たお客が店舗に本を買いに来るケースもあるそうです。埼玉県戸田市は環境保護に力を入れていることから、このような書店の環境保護の取り組みは、自然の大切さや重要性を知る貴重な場になっています。売場とスタッフの情熱さえあれば、自然保護の支援は企業でも可能であることの好例と言えます。

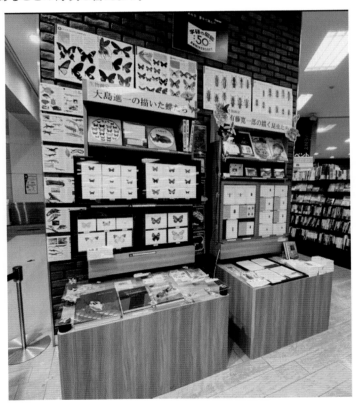

店舗が国登録有形文化財に指定された創業300余年のお店

いせや星野薬局 > https://twitter.com/hoshinopharmacy

千葉県長南町にある「いせや星野薬局」は、創業が江戸時代という歴史ある薬局屋さんです。現在の店舗は明治期に建造されたもので、国登録有形文化財にも指定されています。歴史的建造物である店舗は、信頼と伝統の象徴となっており、いせや星野薬局で商品を購入することが、地域の文化を守ることにもつながっています。建造物に限らず、祭礼や伝統の食文化を守ることは、お客から「応援したい」という気持ちを引き出すことになるので、企業もファンづくりの一環として、自然や文化の保護活動に取り組むことをおすすめします。

53 | パラスポーツ選手の支援

SDGs取り組みやすさ度 ▶ ★★★☆☆

企業やお店の規模を問わず応援は可能。ただし、金銭的な支援となると取り組む
ハードルが若干上がる。

＞ パラスポーツ選手への支援は中小企業にとってメリットだらけ

　2021年に開催された「東京2020パラリンピック」には、22競技、539種目、過去最高の4403名のパラスポーツのアスリートが参加しました。障がい者を対象にしたオリンピックとして位置づけられているパラリンピックは、競技性が高まるに従って、福祉ではなく、スポーツ文化としての認識が年々強まっています。

　一方、パラリンピック選手はオリンピック選手と比較して強化費が少なかったり、スポンサーが集まらなかったり、選手への支援には多くの課題が残されています。スポーツ選手への金銭的な支援は、予算に余裕のある大企業にしかできません。少額寄付の法人会員の場合でも、広告宣伝費にゆとりのない中小企業であれば、月額数万円の支援すら難しいのが現状です。

　パラスポーツを本気で応援したい中小企業は、一度、競技団体へ問い合わせてみることをおすすめします。任意の金額で法人からの寄付金を集めている団体もあり、自社商品の無料提供や人的支援という形で、パラスポーツの選手を応援する方法は多数あります。

　また、社内のスタッフの有志が寄付金を集めて、パラスポーツ選手の活動を援助する方法もあり、個人や法人の枠にとらわれない支援策も広がっています。

＞ パラスポーツ選手の支援が社内の団結力を生み出す

　パラスポーツ選手の雇用に関しても、一考する価値があります。障がい者の法定雇用率の問題もありますが、それ以上に、自分の会社で働く仲間がスポーツで活躍することは、社内の団結力を生み出し、チームワークの創出につながります。

　SNSを通じてパラスポーツ選手が自社商品を紹介したり、自分自身の活動内

容を動画で報告したりするコンテンツも、企業にとって有益な宣伝活動の1つと言えます。

　パラスポーツ選手の中には競技だけに集中したい人もいますが、一部にはスポーツ競技をしながら仕事の技術を学びたいという人もいます。人材採用のための広告費を毎年のように投資するよりも、社内をバリアフリー化し、パラスポーツ選手が働ける環境を整えることのほうが、少ないコストで企業のブランド力を高めることにつながるかもしれません。

　近年では、選手と企業をマッチングしてくれる就職支援サービスもあり、お互いの要望を出したあったうえで、納得のいく形で雇用契約をするケースも増えています。競技や選手に興味を持った企業は、パラスポーツ選手の採用を一考する価値は十分にあります。

事例88

年間24万円でパラスポーツチームを支援できる

チームブルータグ2アームドライブ ＞ https://www.2arm-drive.net/

スポーツ振興やアスリートの支援をおこなうブルータグでは、福岡県の車いすレーサーチーム「チームブルータグ2アームドライブ」の法人会員を募っています。年間24万円の会費を支払うことで、チームウエアへの企業ロゴの貼り付けや法人会員ページでの紹介のほか、メンバーによる講演やイベントの出演を依頼することが可能になります。また、企業としてチームスポンサーになることで、SNSやブログでの情報発信のコンテンツを作ることができます。取引先との交渉の場での話題づくりをはじめ、高い口コミ効果も期待できます。

54 遊休地の活用

明確な運営計画と目的がなければ再び遊休地になる可能性も。

＞ 遊休地の放置は町の衰退につながる

「遊休地」とは、文字どおり、利用されていない土地のことを意味します。中でも、取得後2年以上適正な利用がされていない一定規模の土地は「遊休土地」と呼ばれ、都道府県知事から土地活用や売却計画の指導を受けることになります。

遊休地は放置しているだけ固定資産税が発生し、人通りの少ない場所では不法投棄の場として粗大ゴミが捨てられることがあります。手入れがされず、雑草が伸び放題となり、害虫が発生して近隣の住民に迷惑をかけるケースも少なくありません。

遊休地の活用は、SDGsの「ゴール11・住み続けられるまちづくり」や、「ゴール15・陸の豊かさを守ろう」にも該当し、早急に対応策を講じなくてはいけないテーマの1つと言えます。

土地の価格が高騰している場所や、人口が増えているエリアの遊休地であれば、マンションやアパートなどを建てて活用することが可能です。郊外であればトランクルームやコインランドリーなどの新規事業のほか、資材置き場や駐車場などにも転用することができます。また、狭い土地であれば、自動販売機や野立て看板の設置など、収益につながる遊休地の活用法も多々あります。

人が住むエリアからそこまで遠くない場所であれば、遊休地を貸農園やキャンプ場として活用するのもいいと思います。サバイバルゲーム場やモトクロス場のほか、ドローンの練習場として活用するのも、一考する価値があります。

＞ 蕎麦や菜種を育ててお客と集客イベント

農家の高齢化が進む耕作放棄地の場合は、土地の持ち主と交渉したうえで、自社農園や体験農園として活用する事例も増えています。

たとえば、蕎麦や菜種は痩せた土地でも作付けが可能で、ほかの農作物に比べて労働時間や作業負担が少ない農作物です。鳥獣被害も受けにくいことから管理も容易なため、飲食店やスーパーなどが収穫の体験イベントを開催するのもユニークな利用方法と言えます。開花した際、景観の良い農作物でもあるので、SNSのコンテンツとしても活用することができます。

事例89

屋上の野菜農園の情報をブログで発信

東京平版 ＞ https://tokyoheihan.co.jp

東京都新宿区で印刷物の企画やデザインを手掛ける東京平版株式会社では、自社ビルの屋上の空きスペースを使って、プランターで野菜を栽培しています。ゴーヤやヘチマ、キュウリなどを栽培し、その経過をブログで更新。将来的には、不要なパンフレットや廃材の紙管などを使う菜園を目指していくそうです。都心部の企業も屋上や隙間の土地などを利用して、企業のSDGsの取り組みの情報発信をしていくのも、話題づくりとして有効です。

事例90

面倒な管理運営を代行してくれるサポート型貸農園

レンタルファームつくしんぼ > https://tuku-shinbo.com

　サポート型の貸農園を運営する「レンタルファームつくしんぼ」では、耕作放棄地や休耕地を貸農園にして運営する提案サポートをおこなっています。問い合わせの対応から、利用者との金銭のやりとりや契約手続きの代行業務など、面倒な作業を一手に引き受けてくれます。また、定期的に管理人が農園を巡回し、農業指導や農園管理もおこなってくれます。企業が持つ遊休地を貸農園にしたり、空いている土地で飲食店が農園事業を始めてみたり、専門家の手を借りながら貸農園事業を新規事業として始めてみるのも面白い試みだと思います。

55 | 災害ボランティア

SDGs取り組みやすさ度 ＞ ★★★★☆

零細企業や個人事業主が取り組みやすいSDGs活動。近隣の地域が被災した際は積極的にボランティアに参加したほうがいい。

＞ 災害時の不用意な行動が、お客に総スカンを食らうことも

　地球温暖化の影響で、日本各地でゲリラ豪雨や台風の被害が多発するようになりました。東日本大震災以降、地震の発生回数も増加しており、以前にも増して防災に対する消費者の意識が高まっています。

　企業としても、防災グッズを準備し、万が一の時に備えることが大切です。災害時にどのようなバックアップ体制を取り、社員とお客をどのように守っていくのか、事前にシミュレーションしておくことも、防災活動の一環として必要です。

　たとえば、災害時にリモートワークに切り替えて、自宅待機にするマニュアルを制作しておけば、社員がリスクを冒して出社する事態を未然に防ぐことができます。また、被災した顧客に対してどのようにフォローしていくのか、事前に対応方法を決めておけば、災害時の混乱を最小限にとどめることができます。

　地域内が被災地になった場合、企業としてどのように復興の支援をしていくのかも考えておく必要があります。特に被災直後はパニック状態に陥っているため、経営者やスタッフが不用意な行動を取ったり、自分の会社だけを守るような行為をしてしまったりすると、復興後に地域のお客から不信感を持たれてしまいます。

　災害時の支援策は、人に話を聴いたり、本を読んだりするだけでは学ぶことはできません。被災した状況によって対応策も大きく変わるため、実際に被災した現場にボランティアとして足を運び、活動内容を間近で目にしたほうが、いざという時に具体的な支援策を講じやすくなります。

＞ 災害現場で活躍できるスタッフの育成が急務

　スタッフが被災地の復興ボランティアに自分の意思で参加できるよう、会社としてバックアップできる体制を整えておいたほうがいいでしょう。被災地への交通費

の支給やボランティア休暇など、社員が自ら復興支援に行きたいと言えるような職場環境を作っておく必要があります。

　ボランティアの現場では、思いやりと助け合いの精神を学ぶことができます。初対面の人達とチームを組んで復興作業をしなければいけないので、スタッフには高いコミュニケーション能力と現場での判断力が求められます。そうした臨機応変に対応できる力は、ビジネススキルの高い人ほど持ち合わせており、そのような人材が災害を受けたばかりの被災地では求められています。

　スタッフが被災地での対応に慣れていれば、自分たちの住む地域で災害が起きたときに心強い人材になります。被災した現場にいち早く駆け付けることもできるので、地域の人たちや取引先とも強い信頼関係を作り上げることができます。

事例91

有志のスタッフが集まってボランティア活動

扇屋商事 ＞ https://ohgiyashoji.jp/

遊技場などの施設経営を手掛ける扇屋商事株式会社では、スタッフが有志で集まり、被災地でボランティア活動をおこなっています。2019年に東北地方を襲った台風19号の時は、宮城県丸森町に24日間で計105人のスタッフが駆けつけました。最初の頃は店舗周辺の清掃活動から始め、河川敷の清掃や地域のお祭りのお手伝いなど、少しずつボランティア活動に慣れていったそうです。被災地のボランティアは土日に人は集まりやすいですが、平日になると人手不足になります。被災地の復興には、平日のボランティア活動に理解を示してくれる企業の力が必要不可欠です。

203

少人数の会社でも被災地へのボランティア活動はできる

いろは ＞ https://e-iroha.com

本書の筆者である私自身、被災地へのボランティア活動を積極的におこなっています。東日本大震災をはじめ、熊本地震、大阪北部地震のほか、広島県の土砂災害や千葉県を襲った台風被害など、時間が許す限り、さまざまな被災現場に足を運ぶようにしています。ネットで探せば、県外ボランティアを受け入れてくれる市町村をかんたんに見つけることができます。私1人で現地に向かい、1〜2日作業をしてくるだけなので、業務に大きな差し支えが出ることはありません。また、被災地に行って役に立たなかったという経験も一度もありません。いつ自分が被災者側になるのかわからない今の時代、有事への備えのためにも、一度、被災地へのボランティア活動に参加することをおすすめします。

56 | 空きテナント

SDGs取り組みやすさ度 ＞ ★ ☆ ☆ ☆ ☆

商店街の店主の合意と協力が必要。町全体のまとまり具合によって取り組みやすさが変わる。

＞ 商店街の空きテナントの増加は、地域の衰退のはじまり

SDGsの観点から見ても、空きテナントの増加は活気ある街づくりの大きな支障になっています。商店街のお店がなくなると働く場が消滅し、経済活動も縮小してしまいます。地域全体としても価値が下がることになり、消費全体にも大きな影響が出てきます。

空きテナントが増えた理由は、郊外の大型店の出店が増えたことや、店主の高齢化が進んだことなど、さまざまな要因が考えられます。その1つに、「商店街に魅力がなくなった」という声も、多くの地域で耳にします。しかし、裏を返せば、商店街に「行ってみたい」と思えるような魅力づくりに力を入れれば、再び客足が戻り、街に活気が戻ってくる可能性があります。

たとえば、空きテナントを絵画や工芸品を展示するギャラリーにするのも一手です。展示物を目当てに人が商店街に足を運ぶようになれば、ついでにお店に立ち寄ってもらい、買い物や飲食をしてくれる流れを作ることができます。

ほかにも、カフェなどを設置して交流の場を設けたり、高齢者が過ごせる休憩室を設置したり、商店街を「モノを売る場」から「時間を過ごす場」に切り替えることで、新しい客層を取り込むことができます。

＞ 企業が空きテナントに出店して、 活気ある町づくりをお手伝い

商店街の積極的な店舗誘致も、空きテナントの解消につながります。チャレンジショップとして若い起業家にお店を出してもらったり、商店街に古くからあるお店と商品が競合する企業でも、集客が見込めるのであれば出店の許可を出したり、時代に合わせて商店街の店舗出店のルールを変えていく必要があります。

空きテナントが増えると、街全体が廃れていき、住んでいる人たちの生きている気力がなくなってしまいます。街から人が離れていき、残された人たちも経済的に困窮していきます。一度でも負のスパイラルに入ってしまうとなかなか抜けられなくなるのが、商店街の空きテナントの深刻な問題でもあるのです。

企業としても、空きテナントで新しいビジネスを始めてみたり、商店街に交流の場を設けてみたり、なんらかの形の支援を通じて、地域に明るい未来を作る活動を積極的におこなっていく必要があります。

事例93

シャッター商店街が観光名所になる

多久市ウォールアートプロジェクト > https://wallart-project.com/

佐賀県多久市の京町商店街でシャッターを閉じて廃業するお店が増えたことで、外壁やシャッターに絵を描く「多久市ウォールアートプロジェクト」が立ち上がりました。だれでもいつでも自由に無料で街の中に描かれたアートを観覧できることから、交流人口も増え、市街からも商店街に人が呼べるようになりました。老朽化した建物の景観改善にもなり、SNSやブログを通じて情報が拡散されて、現在は新しい観光名所にもなっています。商店街全体をアートギャラリーにする取り組みは、大きなコストもかからず、アーティストの作品の発表の場にもなります。

57 | eラーニング

SDGs取り組みやすさ度 ★★★★★

市販のeラーニングソフトであればすぐに導入可能。あらゆる社員研修で活用することができる。

> すべての人に平等な教育の場を作る「eラーニング」

「eラーニング」とは、オンラインを活用した学習機能のことを意味します。従来の集合研修の場合、現地に出向き、インストラクターと受講者が長時間にわたって一緒の時間を過ごす必要がありましたが、eラーニングが普及したことで、自宅にいながら、好きな時間にネットを通じて学習することができるようになりました。

eラーニングは、SDGsの「ゴール4・質の高い教育をみんなに」の目標を達成し、ビジネススキルが向上することで「ゴール1・貧困をなくそう」もクリアする活動と言えます。地方都市にいながら、都心部の最先端のビジネスノウハウが手に入ることは、経済格差をなくす動きにも直結します。

移動がなくなることで無駄なエネルギーを使うこともなくなり、子育て中の女性でも空いている時間を使ってスキルアップすることが可能になります。環境に優しく、多くの人に平等に学びの機会を与えるeラーニングは、持続可能な社会の実現に向けて必要な取り組みと言えます。

eラーニングには、既成で販売されているコンテンツと、自社で制作するコンテンツの2種類があります。

前者は、接客マナーやビジネス文書の作成、語学や商法など、一般的なビジネスで活用するためのスキルアップのコンテンツです。ネットで検索すれば多くのeラーニングを見つけることができるので、自社に適したノウハウを購入すれば、すぐに始めることができます。

後者は、自社で制作するオリジナルのコンテンツです。企業独自の商品解説や営業テクニックなど、1回制作すれば、何度でも活用できることから、社内スタッフによる教育に取られる時間を大幅に削減することができます。

自社でeラーニング用のコンテンツを作ることも可能ですが、教育関連の長時

間にわたる動画は、音質や画質のほか、編集のクオリティによって、学習効果に大きな差が出てきてしまいます。予算が許されるのであれば、専門の業者にコンテンツの制作を依頼するのが得策と言えます。

＞ 成功の秘訣は「eラーニング＋リアルの交流の場」

　一方、eラーニングは学習意欲が長続きしなかったり、講師側と受講生側でコミュニケーションが取れなかったり、デメリットの部分もあります。また、質疑が取れないことで、わからないことを放置してしまうケースも多く、学習内容の習得で言えば、集合研修のほうが優れているという意見もあります。

　そのような課題をクリアするために、eラーニングとは別に質疑応答の時間を設けたり、リアルな交流の場を作ったりする必要があります。小テストやアンケートをおこない、参加者同士で学んだ知識を共有するためのチャットやSNS、掲示板を設けることも、スキルの向上に必要な手段と言えます。

　eラーニングは、ダイエットやスポーツ、健康管理の面でも普及が始まっています。コロナを機にオンラインで学習する習慣が浸透してきたこともあり、今後、eラーニングを使ったユニークなビジネスが増えていくかもしれません。

事例94

自宅にいながら宿泊施設の研修が受けられる

リョケン > https://www.ryoken-jp.com/

旅館やホテルの経営サポートをする株式会社リョケンでは、宿泊施設の接客研修用のeラーニングを提供しています。宿泊事業者のスタッフは地方在住の人も多く、都市部の研修に足を運びにくいのが現状です。現地に講師を派遣しても、シフト制で研修に出られないケースもあり、自宅でもノウハウが学べるeラーニングの仕組みは、宿泊施設のスタッフの間で重宝されています。コロナを機に、地方都市で在宅ワークをするスタッフが増えていることから、ビジネス向けのeラーニングの教材は、今後も増えていくと思われます。

58 | SDGsのチームづくり

SDGs取り組みやすさ度 ▸ ★★★★☆

チーム全員が楽しみながら活動することが重要。企画力のあるスタッフがいればなおよし。

› SDGsの本は読み過ぎないほうがいい

　SDGsの取り組みは、担当者1人に任せても、なかなかうまくいきません。取り組まなくてはいけない課題も多く、ほかの社員の力を借りなければ実現することが難しい案件も少なくありません。

　だからといって、チームを作って複数の社員に「SDGsに取り組みましょう」と声掛けをしても、ほとんどの人がうまく活動することができません。SDGsについては人それぞれ考え方が違うため、1つの行動に絞ることが非常に難しいからです。スタッフが「これは本当にSDGsなのか?」「これは今、会社がやるべきことなのか?」と、さまざまな思いを抱えてしまうため、一致団結して新しいことに取り組むモチベーションが維持できないところがあります。活動自体に直接利益につながることが少なく、ただ単に仕事量が増えるだけの作業も多いことから、SDGsに積極的に取り組もうと前向きになってくれる人は、社内に思いのほか少ないのが現状です。

　SDGsの取り組みに関しては、本を読んだり、ネットで調べたりするだけではなく、勉強会形式で社員同士が集まり、少しずつモチベーションを上げていく方法が理想と言えます。最初のうちは3〜6人で有志のチームを作り、1冊だけ課題の図書を決めて、それを熟読した後に、かんたんなディスカッションから始めていくことをおすすめします。複数の本を読んで知見を広げることも良い取り組みですが、SDGsの書籍は著者によって考え方がさまざまで、いろいろな本を読んでしまうと、逆に考えがまとまらなくなってしまいます。できるだけ読みやすい書籍を選び、感想を述べあう程度の話し合いからスタートしていくのが理想と言えます。

＞ ＳＤＧｓへの熱い思いがあり過ぎる企業も考えもの

　ＳＤＧｓに取り組んでいる企業への視察もおすすめです。リアルな話を直接聞くことができて、新しいアイデアを生むきっかけにもなります。できるだけ業種が近く、売上規模が同じぐらいの会社が取り組んでいるＳＤＧｓの活動が、最も参考になります。

　その逆で、会社規模が大きかったり、ＳＤＧｓへの熱意があり過ぎる経営者の企業だったりすると、ＳＤＧｓの取り組み内容が極端に難しくなりすぎて、参考にならないケースがあります。特にメディアで大きく取り上げられている企業の事例の中には、話題づくりだけでＳＤＧｓの取り組みが先行してしまっていることも多く、中小企業では実現不可能なものも多々見受けられます。経営者もセミナー慣れしていて、環境や人権に対してやや片寄った考え方を持たれている人も少なくありません。「ＳＤＧｓの視察に行って当事者に話を聞いたことで、逆にモチベーションが下がってしまった」という話も多く耳にします。

　一般的な企業視察と違い、ＳＤＧｓの取り組みには事業規模や経営者の思想が大きく反映されるため、客観的な視点を持って視察する企業を選ぶ必要があります。ＳＤＧｓの情報収集や視察をおこなったうえで、まずは自分たちでできる活動から取り組んでいくようにしましょう。

　その際、決定権を持つ人を１人だけ決めて、できるだけワンマン体制のチームを作ることをおすすめします。先述したように、ＳＤＧｓは人それぞれで考え方や思想が違うため、一度話し合いがこじれてしまうと、長時間に渡ってディスカッションが続くことになります。決定権のあるリーダーを決めておけば、話し合いに決着がつきやすくなるため、スピーディに物事を進めていくことが可能になります。

＞ ＳＤＧｓは経営者の「やる気」にすべてがかかっている

　チームで月１回集まり、ＳＤＧｓの取り組みの進捗を報告し合い、その取り組みの経過をＳＮＳやブログ、動画で社内外に発表していきましょう。そうすることで、スタッフのＳＤＧｓへの機運が高まり、活動に協力してくれる体制を作りあげることができるようになります。

　活動が軌道に乗り始めたら、少しずつ取り組むテーマと参加メンバーを増やしていきましょう。ＳＤＧｓの講師を招いてセミナーを開いたり、ＳＤＧｓのイベントを開催

したりして、スタッフとお客を巻き込みながら、取り組みを少しずつ大きくしていきます。

　SDGsの成功は、経営者の「やる気」にかかっています。社長の興味が薄れてしまうと、少しずつ取り組みが縮小して、せっかく作ったSDGsのチームも自然消滅してしまいます。また、経営者の鶴のひと声がなければ、社員が真剣にSDGsに取り組まないので、経営者自らが従業員にSDGsへのやる気を見せる行動を取る必要があります。

　極論を言えば、SDGsの成功は「経営者をどのように巻き込むのか?」にすべてがかかっていると言えます。経営者にやる気になってもらうためには、SDGsの活動を通じて、早々に利益を出す仕組みを構築することです。

　ブランディングを向上させることがSDGsの主目的になりますが、そのような抽象的な目標では、経営者を惹きつけることはできません。SNSのフォロワー数の増加率や、メディアに取り上げられた回数など、何かしらの数字の指標を決めておいたほうが、経営者へのSDGsに取り組む説得材料としては有効と言えます。

事例95

社内にSDGs推進チームを発足

ゴールドハースト ＞ https://goldhurst.jp/

建物のフロアリノベーションを手掛ける株式会社ゴールドハーストでは、
SDGsの勉強会を月1回開催しています。SDGsの基礎知識や理念のほか、
床に塗るワックスの環境負荷の問題など、外部講師を招いて勉強会をする
こともあります。現場の仕事の負担にならない程度の勉強会をおこなうこと
が長続きの秘訣とのことです。

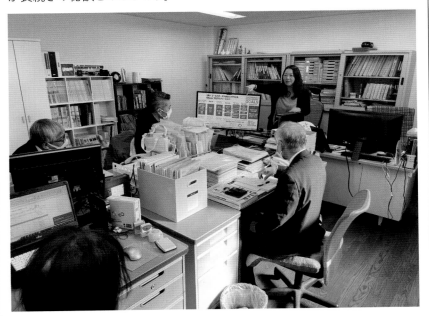

企業のSDGsの活動をさまざまな形で支援する

一般社団法人 イマココラボ > https://imacocollabo.or.jp/

一般社団法人イマココラボは、企業のSDGsへの理解を深めてもらうための支援活動を積極的におこなっています。カードゲームやワークショップを通じてSDGsの本質を学び、自主的にSDGsに取り組むための社内の機運を高めるサポートをしています。自社のスタッフだけですべてを賄おうとはせず、専門家の力を借りながら、SDGsに取り組み始めるのも一手です。

59 婚活支援

SDGs取り組みやすさ度 > ★★★☆☆

企業として婚活に取り組んでいることをブログやSNSで告知するのは難しい一面も。

> 近所の"おせっかい"がいなくなったことが少子化の要因？

　SDGsと婚活支援は、非常に密接な関係にあります。少子高齢化や貧困、地方都市の過疎化の問題など、婚活をサポートすることによって、多くの社会問題を解決することができます。また、シングルマザーや独り身の高齢者への婚活支援や、LGBT向けのパートナー探しの支援など、婚活の形も時代と共に大きく変化しています。

　企業が婚活を支援することは、大きなメリットがあります。結婚したことによって社員の定着率が上がり、地域内の子どもが増えて、消費者の増加につながります。また、店舗や企業で主宰した婚活パーティをきっかけに結婚することになれば、その後、優良顧客として定着してくれるようになります。

　飲食店やホテルで婚活パーティを開催したり、企業や業界の独身男女を集めて食事会を開いたり、企業が婚活の支援をおこなうことは、地域の活性化にも大きく貢献することになります。

　ひと昔前までは、知人や親せきなどが勝手に世話を焼いて、結婚相手を紹介するケースが多々ありました。コミュニケーションが密な時代には、常に"おせっかい"な人が身の回りに1人はいて、出会いを強制的に作ってくれました。しかし、近所づきあいや親戚づきあいが希薄になった昨今では、異性を紹介してもらう機会が急激に減少しました。会社でも、男女の恋愛話はセクハラ案件になりやすいことから、以前よりも異性との出会いを強制的に作ることが難しくなっています。

　結婚願望を持たない男女が増えていると言われていますが、その背景には、異性との出会いが減少していることが要因として考えられます。事実、マッチングアプリや出会い系アプリの利用者は増加傾向にあり、「異性と出会いたい」と思い

ながらも、半強制的に男女が出会うような機会が以前よりも減少しているのが実情です。

地域の活性化には企業の婚活が必要不可欠

　長引く人材難を解決するために、企業が婚活に力を入れるケースもあります。たとえば、女性が中心となって働く看護師や保育士の場合、結婚相手が地域外の人になってしまうと、転勤して職場を辞められてしまう可能性が出てきてしまいます。

　一方、会社が寮を完備する若い男性社員が中心の職場では、異性との出会いに恵まれず、家庭を支える目的がないために、離職率が上がってしまうケースも少なくありません。

　これらの2つの思惑が重なった時、たとえばですが、企業同士が積極的に婚活支援をおこなえば、双方の人材難が解決に向かう可能性があります。婚活はプライベートなことなので、企業が介入するような事案ではありません。しかし、“おせっかいな人”がいなくなってしまった昨今、これからは企業が男女の出会いを支援していく時代がやってくる可能性は十分にあります。

　もちろん、「結婚をすることが当然」のような風潮は、独身者への差別につながるので、支援の方法にはある程度の自制が必要です。しかし、地域内や社内で「出会いがない」と感じている人がいれば、その人たちを支援することは、立派なSDGsに則した活動になります。婚活がサステナブルであることを理解してもらえるようになれば、日本の少子化問題にも歯止めがかかるかもしれません。

事例97

30〜35歳の社員に婚活サポート手当を1万円支給

アクロクエストテクノロジー > https://www.acroquest.co.jp/

システム開発をおこなうアクロクエストテクノロジー株式会社は、社内制度が200ほどあるユニークな会社です。その1つに、30〜35歳の結婚適齢期を迎えた社員に対して、給与のほかに、「婚活サポート手当」として1万円を支給する制度があります。デート代やデートに着ていく服の予算に使ってほしいということですが、会社側の「仕事だけではなく、プライベートも大切にしてほしい」という思いも、この費用には込められています。

SDGsで人材採用を強化する方法

＞Z世代に刺さるサステナブルな取り組み

中小企業の人材不足が深刻です。大企業が賃金を上げたり、休暇日数を増やしたりして、人材確保に力を入れているため、中小企業は年々働き手の確保が難しくなっています。中小企業は「給料が安くて、休みが少ないうちの会社で働きませんか？」と、不利な条件で働き手を集めなくてはいけません。

そのような中で、SDGsの取り組みは有効な採用コンテンツになります。サステナブルな活動は企業のイメージアップにつながり、「売上だけを追求している企業ではない」というソフトな印象を与えることができます。

また、採用の対象となる若い世代は、学校の授業でもサステナブルな活動を学び、SDGsに対して高い意識を持つ人が多いです。企業の持続可能な社会への取り組みをSNSや動画を通じて情報収集し、「面白そうな会社だ」とポジティブな印象を持ってくれることは、給与や労働条件以外のところで企業を高く評価してくれる機会にもつながります。

＞"選ばれない理由"をできるだけ排除する

現実問題として、就職先や転職先を探している人が会社を選ぶ時に、「SDGsに取り組んでいるか？」というのを、そこまで重要な指標にはしていないと思います。しかし、ほかの企業と労働条件が横一線で並んだ時に、「この会社はSDGsに取り組んでいない」というのが、就職先として"選ばない理由"にされてしまう可能性は十分にあります。

今は企業側が働く人を選ぶのではなく、働く人が企業を選ぶ時代です。多くの企業があたりまえのように取り組んでいるサステナブルな活動を「やっていない」というのは、働きたいと思う条件が1つ欠けてしまっているのと同じ意味になってしまいます。

大きな企業と労働条件だけで比較されないためにも、中小企業はSDGsの取り組みを積極的に情報発信して、「この会社で働いてみたい」と思われるイメージ戦略を展開する必要があります。

第 **7** 章

ユニークな
売り方が
SDGsの世界を
変える

60 物々交換

SDGs取り組みやすさ度 ★ ★ ☆ ☆ ☆

イベント自体はユニークだが、収益化が難しく、集客の難易度も高い。話題づくりの一環として取り組むのがおすすめ。

> ゴミを出さない究極のSDGsイベント

不要なものを持ち合い、お互いで取り換える物々交換は、"究極のエコ活動"とも言われています。フリーマーケットや中古品販売の場合、買ったものがゴミになったり、売れ残って破棄されたりすることもありますが、物々交換ではお互いでモノを交換し合うため、ゴミの排出を最小限に留めることができます。

物々交換のイベントは「サンクスシェアパーティー」（もらってくれてありがとう）、「0円マーケット」という言葉で表現されることもあります。ブースを出して好きなものを交換し合うものから、不要品を1個持参して、会場のだれかと交換するものまで、さまざまなタイプのイベントがあります。

衛生上の問題で、開封済みの食品や化粧品の持ち込みを禁じているケースが多いですが、アパレルや雑貨品などは積極的に物々交換されています。

物々交換の風習は、日本の長屋文化から来ていると言われています。作り過ぎたおかずや、取れ過ぎた野菜などを、"おすそわけ"という形で、隣人同士で交換し合うことは、助け合いの精神を生み、コミュニケーションの活性化にもつながります。

ただ単にモノとモノを交換するだけではなく、モノの交換を通じて参加者同士が交流できるのも、物々交換のイベントの面白さと言えるでしょう。

> 優良顧客にコストをかけずに商品を手渡すことができる

物々交換のイベントは、企業のSDGsの活動としても有益と言えます。フリーマーケットや中古品の販売イベントとは差別化ができますし、金銭のやりとりがないので、運営は非常にシンプルなものになります。

話題性もあり、環境に対するイメージアップにもつながるので、駐車場などの空

きスペースなどを利用して定期的に開催してみるのもいいと思います。

　また、自社のアウトレット品とお客の持ち込んでくれた商品を物々交換することで、自社商品が口コミで広まりやすくなるメリットもあります。物々交換で手に入れた商品は、お金ではなく、思い入れで手に入れた商品なので、利用者が大切に使う傾向にあります。そのような優良顧客に自社の商品が行き渡ることは、企業にとっても大きなプラスになるイベントと言えます。

　一方、お金が動くビジネスではないので、企業として利益を出しづらい一面があります。過去にも物々交換アプリなどが登場し、世間を賑わせたことがありましたが、今ひとつ盛り上がりに欠けてしまい、サービスは終了してしまいました。

　事業として成立させるのではなく、ファンサービスの一環として取り組むことが、物々交換イベントの主目的になります。

事例98

いらなくなった服を廃棄せず新たな出会いにつなげる

0円 服の交換会 > https://onepeace-net.com/koukan.html

アパレル品や雑貨のネット販売を手掛ける株式会社ワンピースでは、定期的に「0円服の交換会」というユニークなイベントを開催しています。使わなくなった服や捨てるのはもったいないと思った服を持参したら、店内にある服と交換することができ、ファッション業界の廃棄問題を解消しつつ、新しい服と出会う機会を提供しています。物々交換を通じて、消費者がSDGsを考えるきっかけにもなり、自社ブランドを知ってもらう機会にもつながります。

61 | 思い出の品の再利用

> SDGs取り組みやすさ度 > ★ ★ ★ ☆ ☆

思い出の品を再利用するサービスを多くの人に知ってもらう宣伝活動が難しい。リメイクする高い技術力も必要。

> 時代の変化にあわせて思い出の品を使い続ける

亡くなられた人の遺品を再利用することは、その人の思いを引き継ぐことに加えて、不要なゴミを出さない環境保全の活動にもつながります。また、古い品物を再利用するためにはオーダーメイドの技術力が必要であり、職人の仕事の創出や伝統、文化の継承にも貢献します。

思い出の品を再び利用してもらうためのサービスは、SDGsの「ゴール12・つくる責任 つかう責任」はもちろん、「ゴール8・働きがいも経済成長も」や「ゴール11・住み続けられるまちづくりを」など複数の目標を達成する、有益なビジネスモデルと言えます。

一般的な思い出の品の再利用ビジネスは、指輪のリメイクです。亡くなられた親族の方の指輪のサイズを修正したり、親の結婚指輪のデザインを作り変えて現代風にアレンジしたり、日常的に使えるようにリメイクする事業は、利用者に大変喜ばれるサービスとして注目を集めています。指輪をネックレスやアクセサリーに作り替えるサービスもあり、利用者の好みに合わせて、記念のリングにして再利用する人が増えています。

> 男性向けのリメイク商品も登場

着物もリメイクする人が増えています。祖母が結婚式で着用した着物を、孫がウエディングドレスにリメイクしたり、いらなくなった着物をシャツやブラウスに作り替えたり、着物のレトロな雰囲気を現代風にアレンジする新サービスも多く見受けられます。

ほかにも、父親の時計をアクセサリーにしたり、祖父のスーツをベストに作り変えたり、男性向けの思い出の品を再利用するサービスも増えてきました。

思い出の品をリメイクすることで、長く愛用してくれる商品になり、スタッフに対しての感謝の気持ちも非常に強くなります。お客とのコミュニケーションをより深く取れることから、新規顧客の獲得や、優良顧客の育成の一環として、思い出の品のリメイク事業を展開するのも一手です。

思い出の洋服や帽子がミニチュアサイズに生まれ変わる

スモールハピネス ＞ https://small-h.com/page-14037/

　フルオーダーのウェルカムドールの制作を手掛けるスモールハピネスでは、思い出の洋服や帽子などを、ぬいぐるみなどが着られるミニチュアサイズにリメイクするサービスをおこなっています。小さなサイズにリメイクすることで保管がしやすくなり、目のつきやすいリビングにも置けることから、利用者からも好評です。故人との思い出の品を利用しやすい商品にリメイクするサービスは、今後も広がっていくことが予想されます。

62 | ジビエ肉

> **SDGs取り組みやすさ度** ★★★★☆
>
> ジビエ肉の安定供給には難があるものの、飲食店やお土産店では取り扱いやすい
> SDGs商品の1つ。

> 農村の新しい収入源になるジビエ肉

　「ジビエ」とは、フランス語で狩猟によって捕獲した野生鳥獣の肉のことを意味します。SDGsの「ゴール2・飢餓をゼロに」や「ゴール12・つくる責任 つかう責任」、「ゴール15・陸の豊かさも守ろう」の目標達成に位置づけられており、環境保全の面からも注目されている食材です。

　ジビエ肉の中でも特に人気なのが、鹿と猪の肉です。高たんぱく、低カロリーということもあって、ペットフードにも活用されています。

ジビエ肉の対象となる野生動物と活用法

野生動物	主な獣害	利用方法
鹿	森林破壊、農作物被害、交通事故など	脂肪が少ないヘルシーな肉。ペットフードにも使用できる。皮はバッグや財布、角はアクセサリーやインテリアなどに利用される
猪	農作物被害、土手や水路の破壊	豚肉に比べて味が濃厚。皮は牛革に比べて軽くて耐久性が高い
熊	森林破壊、農作物被害、畜産動物被害、人的被害	秋から冬にかけての熊肉は美味。コラーゲンなどを多く含んでいるので美容にも効果がある。ほかの野生動物よりも革製品の流通が少ない
鴨	農作物被害	アヒルと野性の鴨を交配させた合鴨よりも野性味あふれる味が特徴
兎	森林被害、農作物被害	淡泊で鶏に近い味。革は少量のため流通されていない
穴熊	農作物被害	きめ細かい食感と甘みが特徴。すき焼き肉として人気。穴熊から取れた獣油は肌荒れなどの軟膏として使用されることも。皮は一部で流通されている

野生動物の皮は、カバンや財布、靴などの革製品に使用されます。自然の中で岩や木に身体をこすりつけてできた皮のキズが風合いとなり、一般的な革製品よりも強い愛着を持ってくれる人も多いそうです。

ジビエの肉や皮の活用は、農村の新しい産業としても注目されています。子どもたちの体験教室のテーマとして、ジビエ肉を使った料理や、皮を使った工作など、SDGsの理解を深めてもらうイベントとして活用してみるのもいいでしょう。

事例100

高知県産の鹿肉、猪肉を使ったドッグフード

ドッグズライフ ＞ https://www.dogs-life.jp/

高知県産の鹿肉、猪肉を使ったドッグフードやおやつを取り扱うドッグズライフ。猟師と密な連携を取りながら新鮮なジビエ肉を入手し、着色料、保存料、酸化防止剤などを一切使わない自然素材のドッグフードを製造販売しています。ジビエ肉の加工品は観光地のお土産店やネット通販でも販売できることから、販路が拡大しやすい商品と言えます。

63 名刺・販促ツール

> **SDGs取り組みやすさ度** ★★★★☆
>
> エコ名刺やSDGsの販促ツールを製作することは容易だが、話題づくりを目的にするのであれば、実際にSDGsの活動をしている必要がある。

> SDGsの名刺や販促ツールは コミュニケーションのきっかけになる

　名刺や販促ツールをエコ素材に変えるだけの小さなアクションでは、環境を大きく変えることはできません。しかし、自分の会社がSDGsに取り組んでいることを取引先にアピールするのであれば、自然素材の名刺をきっかけに、SDGsの話題が商談中に広がり、コミュニケーションを深めるチャンスを作ることができます。

　名刺や販促ツールのエコ素材はおもに下記のものがあります。

素材	説明
森林認証紙	森林保全や自然環境に配慮して育成、管理された森林の木材を原材料にした用紙
再生紙	古紙が配合された用紙。古紙パルプ配合率で表示されるロゴマークが変わる。たとえば「R100」は古紙パルプ配合率100％、「R70」は古紙パルプ配合率70％を意味している
間伐材用紙	間伐材を用いた用紙。おもに木材で構成され、かつ間伐材の有効利用が図られていると認められる製品に指定のロゴマークがつけられている
バナナペーパー	アフリカのザンビアで生産されたオーガニックバナナの茎の繊維に、古紙または森林認証パルプを加えて作られたエシカル用紙。途上国の貧困問題と、環境問題を解決したいという想いから誕生した
石灰石由来	「ライメックス」という名称の用紙で、石灰石を主原料としている。普通紙の名刺と比較して、1箱（100枚）あたり約10リットルの水を節水できることが可能。安価で製作できることに加えて、耐久性や耐水性に優れ、手や指が切れづらいのも特徴

＞ SDGsに取り組んでこそ、SDGsの名刺が生きる

　名刺や販促ツールにエコ素材を使うだけでは、SDGsを強くアピールすることはできません。やはり、自社で何かしらのSDGsの活動に取り組んでいなければ、名刺交換や販促ツールを展開した際のコミュニケーションの盛り上がりに欠けてしまいます。

　なお、SDGsのロゴマークを名刺に使用する際、SDGsを普及させるための認知活動の一環であれば、特に使用許可を取る必要はありません。ただし、いくつかの禁止事項が決められているので、名刺にロゴマークを入れる場合は、一度チェックされることをお勧めします。

> 事例101

破棄される野菜を使ったアップサイクルペーパー

やさいくる ＞ https://yasaicle.net/

やさいくるの「やさいくるペーパー」は、古紙と破棄される野菜の葉っぱなどを織り交ぜて、1枚1枚手すきで作ったアップサイクル※紙です。規格外野菜、葉、とうもろこしのヒゲなどを使用することで、農業の新しい価値として応援活動にもつながります。この紙で作った名刺は大切に保管され、思わず人に見せたくなる1枚になるので、口コミ効果も期待できます。

※単にリサイクルするだけでなく付加価値をもたらしたもの。

環境に配慮した素材で名刺や販促ツールを作成

販促クリエイト.jp > https://www.hansoku-create.jp/

小川印刷株式会社が運営する販促クリエイト.jpでは、廃棄されるオーガニックバナナの茎から取った繊維原料としたバナナペーパーや、石灰石を主原料としたライメックスなどを利用した名刺、お米からできたうちわやサインペンなどのユニークなノベルティグッズを提供しています。パンフレットに針金を使わないペーパーリング製本にする仕様にも対応しており、環境への負荷を低減することにもひと役買っています。

64 ｜ ロボット

SDGs取り組みやすさ度 ▸ ★★★☆☆

導入にはコストがかかる。性能が未熟な部分もあるので、活用には寛容な気持ちを持つ必要がある。

＞ 清掃や警備のロボットが急速に普及

ロボットの活用は、「ゴール8・働きがいも経済成長も」や「ゴール11・住み続けられるまちづくりを」に関わる、持続可能な社会に欠かせない重要なテーマと言えます。

身近な例で言えば、自動運転もロボットの活用の部類に入ります。人間の代わりに車を運転してくれるようになれば、私たちの生活スタイルも働く環境も大きく変わり、持続可能な社会に一歩近づくことになります。

物流や清掃、警備用のロボットは、人間の代わりに仕事をしてくれるレベルまで急速に進化しています。また、お好み焼きやソフトクリーム、カクテルなどのかんたんな調理ができるロボットも飲食店に導入されるケースが増えています。

＞ 中小企業が導入し始めた会話型ロボット

中小企業がロボットを活用するには、コストや性能の面で、まだまだ難しいのが実状です。特に人間の細かい手先や判断が必要な現場への導入は、AIのさらなる進化が必要であり、本格導入までにはもう少し時間がかかりそうです。

その中でも、導入コストが比較的安く、人間の代わりの仕事をしてくれそうなのが「会話型ロボット」です。かんたんな受付や説明であれば、ロボットでも対応が可能なので、小さな会社での導入事例が今後は増えていくと思います。

また、介護の現場でも、高齢者の話し相手にぬいぐるみ型のロボットを導入するケースが増えています。近い将来、コミュニケーションの主役は人間からロボットに置き換わる可能性もあります。

一方、景気の低迷が続けば、小さな会社がロボットへの投資を控えるようになり、大手企業との格差が広がることも予想されます。ロボットの導入によって仕事

7

ユニークな売り方がSDGsの世界を変える

を奪われる労働者が増える可能性もあり、生活に困る人が増加すれば、持続可能な社会を維持すること自体が難しくなります。

　ロボットの導入は労働者に働きやすい環境を提供してくれる半面、経済弱者の仕事を奪う可能性があることも考慮しなくてはいけません。

事例103

飲食店の人手不足問題を配膳ロボットが解決

USENの配膳ロボット > https://usen.com/service/robot/

店舗DXを推進するUSEN-NEXT
GROUPの株式会社USENでは、全国の
飲食店向けに配膳ロボットやタブレット
POSレジなどのDXサービスを展開してい
ます。配膳ロボットに1日12時間、月30
日間働いてもらった場合のリース料を時給
換算すると時給はナント約123円！　人件
費の高騰と人手不足で頭を抱える飲食店
の悩みを一気に解消する新サービスと言
えます。今後、データが集まり、配膳ロボッ
トの性能が上がれば、飲食店以外での活
用も期待できます。

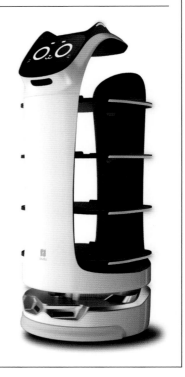

事例104

エンタテインメントロボットが活躍する老人ホーム

ソナーレ祖師ヶ谷大蔵（ソニー・ライフケアグループ ライフケアデザイン株式会社）
> https://www.lifecaredesign.co.jp/sonare-soshigaya/

自律型エンタテインメントロボット "aibo"※（アイボ）の "うみちゃん" がいる有料老人ホーム「ソナーレ祖師ヶ谷大蔵」。うみちゃんと触れ合いたいという理由で、ご入居者がラウンジに集う機会が増えたそうです。ドッグセラピーやアニマルセラピーと同様の癒し効果があるとも言われ、今後、介護施設や病院だけでなく、子ども向けの施設や訪日客向けの観光施設などへの導入が予想されます。

※ aibo、アイボはソニーグループ株式会社の商標です。

注目される在留外国人の支援ビジネス

＞言葉の違う国の人たちが住みよい街にする

「在留外国人」とは、90日を越えて日本に滞在する外国人のことを意味します。文部科学省による日本語学校や専門学校への留学生の受け入れや、入管法改正後に技術実習生が増えたことで、ベトナムやインドネシアなどのアジア圏の在留外国人が急増しています。2019年度から始まった特定技能制度の影響もあり、今後も在留外国人は増えていくことが予想されます。

　在留外国人を増やすことは、少子高齢化が進む日本において、経済を活性化させるための数少ない施策と言えます。一方、日本語が不自由なために、病院で適切な診療が受けられない人や、仕事探しに困る人など、在留外国人に関する問題は増加傾向にあります。職場での人間関係などでもトラブルが発生する事案があり、異国での子どもの教育に悩む人も多くいます。特に自然災害が多い日本において、言葉が不自由な外国人に対して、どのように対応するべきなのか、地方自治体も対応に苦慮しています。

＞在留外国人はリピート客になる可能性が高い

　企業は、在留外国人を受け入れながら人手不足を解消し、平行して在留外国人の生活をバックアップしていく体制を整えていく必要があります。また、在留外国人が増えている地域では、外国語のサービスを充実させて、新規顧客として取り込んでいくことが求められます。

　多言語のホームページを開設し、情報発信に力を入れている市町村もあり、日本語教室を開催して在留外国人とコミュニケーションを図る企業も増えています。その国にくわしいNPO法人の協力を得て交流会を開くのも、在留外国人に優しい社内イベントの1つと言えます。

　多文化共生がテーマとなるこれからの国際社会において、企業の在留外国人の受け入れ態勢の充実が、日本経済の成長の鍵を握っています。

おわりに

「SDGsの辞典のようなものを作りたい」

編集者にそう提案して作り始めたのが本書でした。中小企業や個人事業主が
すぐに実践できて、なおかつ売上や利益に貢献するSDGsの本があれば、より持
続可能な社会に一歩近づけるのではないかと思い、この本を書き始めました。

しかし、想定外に執筆は手こずりました。少ない投資と労力で実現できるSDGs
は少なく、「これが本当にサステナブルなのか?」「これが持続可能な社会の実
現につながるのか?」と、何度も自問自答を繰り返したことで、執筆に時間を要し
てしまいました。

最も大変だったのはサステナブルな事例集めです。当初、200以上のSDGs
の取り組みを集めたのですが、掲載許可を取ろうとしたところ、その半数以上
の企業から掲載を断られてしまいました。「SDGsだと思って取り組んでいない」
「SDGsとして取り上げられると困る」など、掲載を見送る理由はさまざまでした。
中小企業のSDGsに対する警戒心は想像していた以上に強く、もしかしたら怪し
い団体が出版する本だと勘違いされて、"余計なことに関わりたくない"と思われ
てしまったのかもしれません。

気がつけば、本書の完成まで2年という月日がかかってしまいました。今まで
50冊以上のビジネス書を書いてきましたが、一番時間を費やし、一番手間がか
かった著書であることはまちがいありません。本当に難産でした。

SDGsの64の視点と104の事例を1冊の本にまとめてわかったことは、企業の
SDGsの取り組みは、今までやってきたことを「もう少し」だけ良くするだけで実
現できるという点でした。自然保護の壮大なプロジェクトを立ち上げる必要もない
し、エネルギーを再利用する大きな施設を建てる必要もありません。日頃から取り
組んでいる仕事の中で、ほんの少し環境に優しいことや、ほんの少し人の役に立
つことをやるだけで、それらの活動はすべてSDGsが掲げる17の目標の達成に
つながります。

「自分の会社はサステナブルに何も取り組んでいない」

　そのような引け目を感じている人も少なくありません。しかし、そもそもビジネスは環境を破壊するものであり、人間に大きなストレスを与えるものです。一方、お金儲けを続けるためには資源を有効に使わなくてはいけないし、多くの人を幸せにしなければ商品やサービスにお金を払ってくれる人は増えないという現実があります。つまり、企業が持続可能な社会を実現すること自体が矛盾だらけなことなのです。

　その矛盾を理解したうえで、今までやってきたことを「もう少し」だけ良くしながら、持続可能な社会を構築していくしか、SDGsの目標を達成する方法はないと思います。

「この商品のいいところを"もう少し"アピールすれば、環境に優しいことがお客さんに伝わるのではないか」
「このサービスを"もう少し"アレンジすれば、働く女性に喜んでもらえるのではないか」
「このイベントを"もう少し"多くの人に知ってもらえれば、資源の大切さが理解してもらえるのではないか」

　このように、今までやっている仕事を「もう少し」だけ良くすることを考えれば、その行為はSDGsの目標達成に必ずつながっていきます。

　SDGsの具体的な取り組みがわかれば、あとは次の3つのことを実践するだけです。

＞ 1 ｜ とにかくやる

　SDGsは、考える前に「やる」ことです。最初の一歩を踏み出す時に考え過ぎてしまうと、テーマが壮大すぎて何も手がつけられなくなってしまいます。少しでもサステナブルに貢献する活動だと思ったら、まずは行動に移して、その結果から「こうすれば次はもっと良くなる」と改善し、SDGsのPDCAを回していきましょう。

2 | 公開する

　SDGsの取り込みは、多くの人に知ってもらわなければ意味がありません。SNSや動画、ブログやニュースレターなど、お客や取引先にサステナブルな活動を知ってもらうことで、はじめて客数や売上の増加につながっていきます。世のため人のための企業活動は、隠れてこそこそやる時代ではありません。確実に利益に結びつけていかなければ、持続可能な取り組みを維持することができなくなります。SDGsの情報を公開することで、サステナブルな活動を利益に変えていくように心がけましょう。

3 | 続ける

　単発の取り組みでSDGsの目標を達成することはできません。継続することで、サステナブルな活動はお客や取引先に浸透し、利益をもたらす経済活動へと成長していきます。1回だけ挑戦して「ダメだったね」で終わらせてはいけません。活動を数年にわたり継続することで認知が広がり、お客を巻き込んだことで売上につながるSDGsの活動に昇華していきます。

　これらの「とにかくやる」「公開する」「続ける」の3つは、実際に行動に移すとなると、大変な取り組みになると思います。「とにかくやる」といっても、反対の意見を述べる人は必ずいますし、「公開する」としても、SNSやブログをやっていない企業はたくさんあります。「続ける」ことには忍耐力が必要ですし、昨今の人手不足の現状を考えれば、継続して作業をしてくれる人を確保すること自体が難しいのが現状です。

　しかし、これらの3つの取り組みは、企業の「稼ぐ力」と直結しています。

「とにかくやる」は、行動力が身につきます。
「公開する」は、ネットでの情報発信力が身につきます。
「続ける」は、継続力が身につきます。

　つまり、SDGsに必要な3つの力は、会社に利益をもたらすために必要な「稼ぐ力」でもあり、この力を磨くことが、組織を大きく成長させる原動力になるのです。

「SDGsに取り組まなければ、これからの企業は生き残ることはできない」

　そのような言葉をよく耳にしますが、じつはSDGsに取り組まないからその企業が生き残れないのではなく、SDGsに取り組むための「とにかくやる」という行動力と、「公開する」というネットでの情報発信力と、「続ける」ための忍耐力の3つの力がないから、これからの厳しい時代に生き残れなくなるだけの話なのです。

　SDGsの取り組みで壁に当たった時は、遠慮なくご相談ください。ワーク付きのセミナーや社員研修をはじめ、私がコンサルティングの現場で得た知識と経験を通じて、SDGsの目標達成のお手伝いをさせていただきます。理想論だけで終わらせず、明日からすぐに実践できるサステナブルな取り組みをわかりやすくお話しさせていただきます。
　また、SDGsの具体的な取り組みがわからなければ、社内会議に参加して、一緒に商品開発、イベント立案などを考えて、その企業の身の丈に合ったユニークな取り組みを提案させていただきます。

　なお、SDGsをはじめ、中小企業の販促戦略の話を、週に1回、無料のメールマガジンで配信しています。「竹内謙礼」で検索すると、公式サイトにたどり着きます。そこで『竹内謙礼のボカンと売れるネット通信講座』のメールマガジンの登録をしていただければ、マーケティングに役立つ情報を定期的に入手することができます。ほかにもYouTubeやSNSでもSDGsに関する情報を発信していますので、お時間があるときに閲覧してもらえればうれしい限りです。

　SDGsをきっかけに「稼ぐ力」を身につけられる組織になれば、サステナブルな活動をしながら売上を伸ばすことが可能になります。今の仕事で「もう少し」だけ、環境とお客のことを考えれば、持続可能な社会の実現に向けて走り出すことができます。
　SDGsの目標の達成と同時に、売上目標も達成できるような企業が増えてくれれば、2年の月日をかけて本書を執筆した苦労が報われます。

竹内謙礼

竹内謙礼 <ruby>竹内謙礼<rt>たけうち けんれい</rt></ruby>

有限会社いろは代表取締役。

大学卒業後、出版社、観光施設の企画広報担当を経て、2004年に経営コンサルタントとして独立。楽天市場のほか、複数のネットビジネスで受賞歴あり。実店舗の集客や販促戦略のほか、ネットビジネスを中心にしたコンサルティングに精通しており、個人事業主から大企業まで、幅広く販促ノウハウを提供している。全国各地の商工会議所や企業にて精力的にセミナー活動もおこなう。また、経済誌やWEBニュースなどへの連載や寄稿のほか、日経MJにおいて、毎週月曜日「竹内謙礼の顧客をキャッチ」を連載中。取材した企業は500社を超える。著書は『巣ごもり消費マーケティング』『ネットショップ運営攻略大全』(技術評論社)、『逆境を活かす店 消える店』(日本経済新聞出版)、『会計天国』(PHP研究所)ほか50冊以上。

ホームページ › https://e-iroha.com/

SDGsのセミナー、コンサルティングの依頼は
下記のホームページの問い合わせフォームにてお願いします。

竹内謙礼公式サイト
https://e-iroha.com/

メールマガジン無料購読のご案内

私、竹内謙礼は週に1回、メールマガジン「ボカンと売れるネット通信講座」を配信しています。SDGsの取り組みを始め、さまざまな販促手法やネットビジネスの話をわかりやすく紹介しています。「竹内謙礼」で検索すれば、公式サイトが出てきますので、そちらからメールマガジンの購読が可能です。今ならメルマガ購読者限定でSDGsのマーケティングに役立つノウハウがまとまったシークレットファイルが無料ダウンロード可能です。ぜひ、メルマガ購読のほど、よろしくお願いします。

竹内謙礼の無料YouTube動画講座のご案内

無料YouTube動画「竹内謙礼のビジネスゼミ」を週に1回更新しています。SDGsの販促手法をはじめ、ネットビジネスや起業、副業のノウハウを約5分〜10分のコンパクトな動画講座でレクチャーしています。よろしければチャンネル登録をお願いします。
https://www.youtube.com/channel/UC1EKIElaGOiliEm1QP2Y9lw

この製品は、FSC® 認証材および管理原材料から作られています。
カバー／OKミューズガリバーアールCoC（ホワイト）
帯／ディープマット（ホワイト）
表紙／ディープマット（スコールグレー）
本文／マルガリーライトFSC

ブックデザイン／上坊菜々子
DTP／SeaGrape
編集／傳 智之

お問い合わせについて

本書に関するご質問は、FAX、書面、下記のWebサイトの質問用フォームでお願いいたします。
電話での直接のお問い合わせにはお答えできません。あらかじめご了承ください。
ご質問の際には以下を明記してください。

・書籍名
・該当ページ
・返信先（メールアドレス）

ご質問の際に記載いただいた個人情報は質問の返答以外の目的には使用いたしません。
お送りいただいたご質問には、できる限り迅速にお答えするよう努力しておりますが、
お時間をいただくこともございます。
なお、ご質問は本書に記載されている内容に関するもののみとさせていただきます。

問い合わせ先
〒 162-0846
東京都新宿区市谷左内町21-13
株式会社技術評論社　書籍編集部
「SDGsアイデア大全」係
FAX：03-3513-6183
Web：https://gihyo.jp/book/2023/978-4-297-13394-8

ＳＤＧｓアイデア大全
「利益を増やす」と「社会を良くする」を両立させる

2023年4月26日　初版　第1刷発行

著　者　　竹内謙礼
発行者　　片岡巌
発行所　　株式会社技術評論社
　　　　　東京都新宿区市谷左内町21-13
　　　　　電話　03-3513-6150　販売促進部
　　　　　　　　03-3513-6166　書籍編集部
印刷・製本　日経印刷株式会社